8/15   3. -

SVEN AMTSBERG

Die Wahrheit über Deutschland

Städtetouren für Besserwisser

Rowohlt Taschenbuch Verlag

Originalausgabe
Veröffentlicht im Rowohlt Taschenbuch Verlag,
Reinbek bei Hamburg, Dezember 2011
Copyright © 2011 by Rowohlt Verlag GmbH,
Reinbek bei Hamburg
Umschlaggestaltung ZERO Werbeagentur, München
(Umschlagabbildung: Charriau Pierre,
Gerd Schnuerer/Getty Images)
Foto des Autors Stefan Malzkorn
Buchgestaltung Anja Sicka, Hamburg
Satz aus der Newzald und National, InDesign, bei
Pinkuin Satz und Datentechnik, Berlin
Druck und Bindung CPI – Clausen & Bosse, Leck
Printed in Germany
ISBN 978 3 499 62776 7

VORWORT

Hallo Buchfreund,

mein Name ist Sven Amtsberg. Ich bin der sympathische Autor dieses Buches, das du vielleicht gekauft hast. Vielleicht stehst du auch noch in der Buchhandlung und überlegst, ob du es kaufen sollst. Ich denke: Ja, tu es. Denn ich spüre, dass es da eine Verbindung zwischen uns gibt, der nachzuspüren es sich lohnt. Wir, du und ich, wollen eintauchen in das Dickicht unserer Gefühle, vor dem Hintergrund einer Deutschlandreise, und während wir scheinbar das Land entdecken, entdecken wir in Wahrheit doch uns.

Ja, ich weiß, das habe ich schön gesagt.

Du glaubst vielleicht, so ein Buch, das ist doch an Anonymität nicht zu überbieten. Allein, wie das schon aussieht: Kühe auf dem Cover, damit Mädchen es niedlich finden. Das ist doch Kalkül. Außerdem kaufst du dir grundsätzlich keine Bücher mit Tieren vorne drauf, sagst du, sondern eher mit Waffen oder Frauen oder nur Schrift. Tschüss. Aber warte! Dieses Buch ist anders. Es ist ein nicht anonymes Buch. Und vielleicht glaubst du, mir wäre es egal, wer dieses Buch kauft, Hauptsache, es kauft überhaupt irgendwer. Aber lass dir versichert sein, dem ist nicht so. Mir ist wichtig, wer dieses Buch kauft. Und schlechte Menschen möchte ich nun bitten, dieses Buch wieder zurückzulegen und sich etwas über Nazis zu kaufen oder aber einen schönen Bildband zum Thema Ausbeutung.

Gute Menschen dagegen spitzen jetzt bitte die Ohren: Ich sitze gerade in einer Strandbar auf Borneo, habe die Augen geschlossen und spüre dich, lieber Käufer, liebe Käuferin, wie du in einer dieser liebevoll eingerichteten Buchhandlungen sitzt, um dich herum junge Damen in karierten Kostümen, und überall duftet es künstlich nach altem Papier und Intelligenz. Viele Leute sitzen ja einfach nur in Buchhandlungen, um durch die Scheiben gesehen zu werden. Es ist immer besser, in einer Buchhandlung gesehen zu werden als am Kiosk oder in der Metzgerei. Aber ich weiß, du bist anders. Du interessierst dich wirklich für etwas. Und lass dir gesagt sein: Deutschland, du und das Leben – ihr seid gar nicht so unterschiedlich, wie du vielleicht denkst. So wie du und das Leben auch nicht an allen Stellen schön seid, so ist auch Deutschland an manchen Stellen schön und an manchen überhaupt nicht. Ich bin es leid, dass alle sich immer nur dasselbe ansehen. Die ganzen verdammten Schlösser und Denkmäler von Menschen mit langen, gelockten Haaren, die mit uns beiden so viel zu tun haben wie Blasmusik und Folklore. Wir wollen Deutschland kennenlernen, wie es wirklich ist. Wir wollen Sachen wissen, die kein anderer weiß. Wir wollen dorthin gehen, wo es dunkel ist, und mit meinem Sachverstand Licht an diese Orte bringen. Wir wollen wieder etwas erzählen können. Etwas, auf das die Leute nicht nur entgegnen: Hau ab, du Sack. Wir wollen, dass die Leute auf uns zeigen und sagen, guck mal die.

Wir, das sind du, dieses Buch und ich. Wir sind nun eine Einheit. *Community is a warm gun*, wie der Engländer sagt. Eine Woche werden wir nun zusammen dieses Land bereisen. Und zwar nicht irgendwann, sondern exakt jetzt. Kauf dieses Buch und dann fahre nach Leipzig. Nimm sonst nichts mit. In diesem Buch ist alles, was du brauchst. Du kannst die gelesenen Seiten heraustrennen, zusammennähen und als Zelt oder Overall verwenden. Man kann damit auch die Zahnzwischenräume reinigen. Ein Haus bauen – dann braucht es allerdings tausend Bücher. Aber die kann man dir bestimmt bestellen.

Yippie,
Dein Sven

1. LEIPZIG

Du wirst in den nächsten Tagen schon bald merken, dass ich mich sehr gut in Deutschland auskenne. Weshalb mich Freunde oft auch Deutschlandsven nennen und ich immer wieder zu offiziellen Anlässen eingeladen werde, wo ich urtypisch deutsche Kunststücke vollführe oder auf zwei Fingern das Deutschlandlied blase. Manchmal wache ich sogar nachts auf und denke, hey, Eule, da hast du doch gerade wieder mal von Deutschland geträumt. Dann stehe ich vielleicht auf einem deutschen Berg und blicke in einen deutschen Wald. Trage in meinen Träumen gerne auch Tracht und zeige meine wunderschönen Kniescheiben. Ich habe weiße Beine, wie es sich für einen Deutschen gehört.

Wir wollen uns gegen den Uhrzeigersinn von Osten in den Norden vorarbeiten, und von dort am Ende zu Fuß in die Hauptstadt einmarschieren.

Leipzig ist dabei die einzige Stadt im Osten in diesem Buch. Das ist Absicht. Ein Sonderband ist in Planung, *Die Wahrheit über den Osten*, der dann in Farbe erscheinen wird, gebunden, sehr viel größer als dieses Büchlein. Für diesen möchte ich mir die anderen Städte noch aufheben. Auch Leipzig wird darin wieder auftauchen, bunter. Sehr viel bunter.

Leipzig, das ist auch immer ein Neuanfang, denn das Leipzig, so wie es heute da steht, ist im Grunde erst in den letzten zwanzig Jahren gewachsen. Das alte Leipzig hat man zu großen Teilen abmontiert und auf die übrigen Bundesländer verteilt, so findet sich ein Teil Leipzigs beispielsweise in Chemnitz wieder, ein anderer in Jena oder Magdeburg.

Leipzig, das war schon frühzeitig eine Vision, doch fehlte damals das nötige Geld, um all das umzusetzen. Doch nun ist es da, und man hat Meisterliches geschaffen. Alte Gebäude wie beispielsweise die Nikolaikirche wurden ebenfalls demontiert und in den Nahen Osten verkauft, um eine neue, größere Nikolaikirche zu errichten. Die ursprüngliche findet sich nun in einer Stadt im Libanon, wo sie Freude, aber auch Unverständnis stiftet.

Auch das Völkerschlachtsdenkmal war ursprünglich wesentlich kleiner und erinnerte eher an einen Ferienbungalow als an dieses klotzige Pummelchen, das nun aus ihm geworden ist.

Leipzig, das ist die Stadtwerdung der Superlative. Architekten aus der ganzen Welt haben sich hier ausgelebt, und so finden sich ganz verschiedene Stile, die nur der Wunsch nach Exorbitanz eint: Der neue Hauptbahnhof, das City-Hochhaus oder die alte Börse, all das sollte erst in New York errichtet werden, doch den New Yorkern war es zu pompös, zu wenig Understatement, wie man es sonst dort gewohnt war. New York, das hieß Puzzeln im Kleinen, wohingegen in Leipzig seit dem Fall der Mauer die Devise gilt: *Big Is The New Large.*

Ich möchte, dass Sie nachts zu dieser Tour aufbrechen. Starten Sie gegen Mitternacht im **Ilses Erika** in der **Bernhard-Göring-Str. 152**. Trinken Sie dort, bis es hell wird. Anschließend lassen Sie sich mit einem Taxi bis zur **Karl-Liebknecht-Straße** fahren. Das ist zwar nicht weit, aber besser ist besser.

Sie wissen, nun müssen Sie sich gut konzentrieren. Nach außen hin soll Sie eine Aura des Sachverstands umwehen. Keine leichte Aufgabe um diese Zeit, leicht angetrunken, mit einem seltsamen Buch mit Kühen auf dem Cover in der Hand.

Aber ich weiß, dass Sie das schaffen. Setzen Sie sich ruhig, wenn Ihnen danach ist. Die Straßen Leipzigs sind so sauber, dass man davon essen könnte. *Könnte.* Gehen Sie nah an das Buch ran und lesen Sie ruhig laut vor.

Beginnen wollen wir erst mit etwas ganz, ganz Schönem, das Ihnen immer wieder begegnen wird. In Ihrem Leben, aber auch auf der Karl-Liebknecht-Straße.

1.1. DER LEIPZIGER WALD

Überall, u. a. Karl-Liebknecht-Straße

Auf den **Leipziger Wald** stößt man immer wieder. Manchmal sind es einzelne Bäume, dann wieder ganze Rudel, die einen bedrängen. Doch der Stadt reicht das nicht. Bis 2015 soll Leipzigs Waldanteil von 7 Prozent auf 10 Prozent erhöht werden. Um dieses Ziel zu erreichen, muss der Wald natürlich auch dort wachsen, wo heute noch Häuser stehen. Sehr zum Verdruss derer, die dort wohnen. Denn so schön der Wald auch ist, so unhygienisch ist es doch, darin zu leben. Wald – das ist etwas für Tiere und Pilze. Und die einzige Hoffnung, die den Menschen bleibt, ist die, dass es ewig dauert, bis aus einem Baum ein Wald wird.

Hier an der Karl-Liebknecht-Straße hat man schon einmal damit begonnen. Ein Baum, aus dem bis 2015 ein Wald geworden sein soll, der über sich aber auch die Straße, die Wiese hinauswachsen soll und sich spätestens 2014 das Hochhaus geholt und es in Wald verwandelt haben soll. Wir werden wiederkommen und nachsehen.

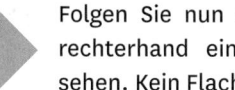 Folgen Sie nun der **Karl-Liebknecht-Straße**, bis Sie rechterhand einen Indianer in der Luft schweben sehen. Kein Flachs.

1.2. VEB-INDIANER – DER INDIANER IN LEIPZIG

Karl-Liebknecht-Straße

Nicht viele wissen, dass die Idee der Indianerei ursprünglich aus Deutschland stammt. Um 1930 war es, als sich im Gebiet der Stadt Leipzig die ersten Indianer zusammenfanden, wo sie teilweise noch heute leben. In der Stadt selbst sieht man sie natürlich kaum noch, man findet sie hauptsächlich in den unzähligen Parkanlagen, wo sie tagsüber oft eins mit der Natur werden, sodass sie von Nichtindianern kaum zu sehen sind. Das eigentliche Indianerleben beginnt erst mit Einbruch der Dunkelheit, wenn man die Tipis und den Marterpfahl aufbaut und ein wenig seinem Handwerk nachgeht.

Indianerwissenschaftler schätzen, dass im Großraum Leipzigs noch immer mindestens zehn verschiedene Indianerarten anzutreffen sind, u. a. die Apachen, die Irokesen oder die Miltitz.

Die Idee der Indianerei stammt ursprünglich von Horst Mahler, dem Urvater aller Indianer. Und man kann sicher vieles über Mahler denken, aber eins muss man ihm lassen: Die Idee der Indianerei ist großartig und genial zugleich. Mahler wollte diese immer als Kontrapunkt zum hektischen Treiben der Gesellschaft verstanden wissen. Und wer weiß, vielleicht hätte sie sich durchgesetzt, wäre die Zeit eine andere gewesen – oder vielleicht auch nur der Ort. Denn damals war Leipzig noch nicht dieses aufgeklärte Fleckchen Erde, das es heute ist. Anfangs überforderte die Indianerei den Ostdeutschen. Denn ihre Grundmaxime ist die Freiheit. Ihr huldigt der Indianer beispielsweise dadurch, dass er ständig nackt ist. Sein einziges Zugeständnis an die Regeln der Gesellschaft ist ein kleines Läppchen vor dem Gemächt.[1] Der Indianer arbeitete nicht, sondern ernährte sich stattdessen von Gebüsch und den wenigen freilaufenden Tieren in Leipzig, wo die erste Indianersiedlung der Welt an der Karl-Liebknecht-Straße entstand. Noch immer erinnert ein Denkmal daran.

Wo heute Straßenbahnschienen liegen, fand sich früher eine Eisenbahnlinie, die der Indianer nach Lust und Laune überfallen konnte, um sich und seinen Stamm so mit dem Notwendigsten zu versorgen. Hinzu kam, dass hier ausreichend Platz vorhanden war und die Indianer von den Bewohnern geduldet wurden. Ja, diese fast froh schienen, dass sie durch das bunte Indianertreiben aus ihrem Alltagstrott gerissen wurden.

---

1 Man vermutet, dass die im Osten äußerst populäre FKK-Idee auf den Indianermann zurückgeht.

Anfangs bestand die erste Indianersiedlung nur aus Horst Mahler und seiner Frau Sabine. Später stießen andere Indianer hinzu. Angelockt vom Reiz des Neuen und der euphorischen Freude, die dieses stets geschminkte Volk auszusenden schien, waren es nicht gerade wenige Leipziger, die sich spontan der Indianerei anschlossen.

Am Wochenende feierte man laut und ausgelassen, und eine Art Vorläufer des späteren Swingerclubs etablierte sich früh in der Leipziger Südvorstadt unter Leitung Mahlers. Neben dem Handel mit Selbstgemaltem, Selbstgetöpfertem und Selbstgebatiktem war es eben jenes Etablissement, das den Indianern ein Auskommen bescherte, denn dort gingen auch Menschen wie du und ich ein und aus. Meist nur um bei einem Schnäpschen dem Indianer beim Schnackseln zuzusehen.

Jahre lebten die Indianer glücklich auf diesem Gebiet. Selbst Adolf Hitler, der zwar alles Andersartige erst einmal grundlegend verachtete, bevor er es dann hasste und vernichtete, duldete die Indianer. Denn, wie er selbst sagte, spüre auch er in sich einen gewissen Hang zur Indianerei, und was er selbst empfinde, könne nicht verkehrt sein und andersartig schon einmal gar nicht.

Erst nach Ende des Zweiten Weltkrieges entdeckte der Amerikaner die Indianer und lockte sie mit falschen Versprechungen in sein Land, wo man noch heute Unsummen mit Hochglanzindianerfilmen verdient. Spätestens seit dieser Zeit geht es den Indianern in Leipzig nicht mehr so gut.

Irgendwie halten sie sich über Wasser. Nicht zuletzt wegen der anständigen Bürger, die Speisereste in die Natur schmeißen, damit diese sich davon bedienen können. Darüber hinaus vermietet sich der Indianer heute für besondere Anlässe wie Hochzeiten oder Konfirmationen, wo er dann verrückt tanzt oder einfach nur halbnackt und geschminkt unter dem Tisch der Gesellschaft kauert.

Nur ein kleines Stückchen weiter finden Sie links die **Braustraße**, in die biegen Sie ein.

1.3. THE KING IN LE

Braustraße 28

Über die Zeit **Elvis Presleys** in Leipzig wissen nur die wenigsten etwas. Es ist ein gut gehütetes Geheimnis, über das selbst Elvis noch zu Lebzeiten schützend seine Hand breitete. Nur durch einen Zufall bin ich auf diesen Umstand überhaupt aufmerksam geworden und möchte mich an dieser Stelle noch einmal bei der **Familie Schworz** bedanken, die ich bei meinem sechsmonatigen Rechercheaufenthalt vor Ort kennenlernte. Diese war es, die mir zu verstehen gab, dass Elvis eine Zeitlang bei ihnen gelebt hätte. *Der Elmar*, wie er sich anscheinend genannt hatte.

Sein Aufenthalt in dem Haus in der *Braustraße 28*, von November 1958 bis Anfang 1959, war generalstabsmäßig vorbereitet. Rückblickend kann man sagen, dass Elvis' gesamte Armeezeit nur als Tarnung für seinen Leipzigaufenthalt diente. Denn, man hätte doch niemals Elvis Presley – ich meine, hallo, Elvis Presley! – zum Armeedienst eingezogen, hätte dieser nicht inständig darum gebeten. Zurückgezogen im Osten Deutschlands, wollte Elvis etwas tun, was er noch

nie getan hatte – er wollte Songs schreiben. Er war es leid, immer nur die Texte anderer[2] zu Melodien anderer zu singen. Er spürte, dass da etwas in ihm war. War er allein, summte er manchmal Melodien, die seiner selbst zu entspringen schienen. Ein hoher Singsang, der sich so anfühlte wie das, was er in sich spürte, dieses flauschige Gemisch aus Angst und Größenwahn.

2 Zumal es diesen oft an Verständlichkeit mangelte, und diese Unverständlichkeit immer Platz für Interpretationen ließ, die meist sexuell ausfielen. Wie etwa beim oft zitierten *Hound Dog*, das im Original von *Big Mama Thornton* mit Hundegebell daherkommt und somit eindeutig in der Welt der Fauna zu verorten ist. Bei Elvis wurde dieses Hundegebell weggelassen, wodurch das Lied sofort etwas Anrüchiges bekam. Zumindest wenn man weiß, dass *Hound* auch *hinten* bedeuten kann – und was ein *Hinten Hund* ist, können Sie sich sicher vorstellen. Eine Zeitlang wurde dieser Song nur nachts gespielt. Er ist ein musikgewordenes Aphrodisiakum, das erst im Jahre 1969 von *Serge Gainsbourgs Je t'aime ... moi non plus* abgelöst wurde.

Sein Manager **Colonel Parker** hatte nie gewollt, dass Elvis Songs schrieb. Wusste er doch um dessen Melancholie, das Faible für Naturbilder und phantasiesprachliche Ausdrücke.[3] Er glaubte, all das würde die Fans verschrecken – und hatte sicher auch recht damit.

Es war an einem Donnerstag im März 1958, als **Enrico Schworz** einen Anruf bekam. Er verstand wenig von alledem. Es war die Zeit, da Englisch im Osten verboten war. Aber anscheinend ging es darum, dass jemand ein Zimmer im Untergeschoss des Hauses mieten wollte. Dieses Zimmer vermieteten die Schworz' immer mal wieder an alleinstehende Männer, die sich dort einschlossen, tranken und Gedichte produzierten. Noch heute gibt es das **Schworz-Stipendium** für alkoholsüchtige Dichter, von denen man meist nie wieder etwas hört.

Vermutlich war es Presley persönlich, der sich in gebrochenem Deutsch als *Elmar Preßler* vorstellte und sagte, er wolle gern das Zimmer mieten. Ursprünglich wollte er bis 1960 in Leipzig bleiben, um dort ein Konzeptalbum zu erarbeiten, das hauptsächlich aus sphärischen Synthesizer-Sounds bestehen sollte. Auch textlich wollte er weg von den *Boomboom-Lyrics*, wie er es nannte, hin zu anspruchsvolleren Themen. Schon lange begeisterte er sich für das Übernatürliche, und hatten andere in ihrem Leben, wenn es hochkam, ein Ufo gesehen, so waren es bei Elvis zwei. Doch nicht nur das: Elvis' Vater, **Vernon Presley**, will während der Geburt von Elvis ein blaues Licht am Himmel gesehen haben, von dem er immer wieder erzählte. Mit diesem Wissen erscheint es uns fast zwangsläufig, dass Elvis vorhatte, eine Art Science-Fiction-Musical zu erschaffen. Thematisieren wollte er die Liebe zwischen einer blauen Außerirdischen und sich. Grundstory sollte sein, dass die Rohstoffvorkommen auf der Erde knapp werden, sodass

---

3 Beispielsweise soll der Ausruf *Oi oi oi* von Elvis stammen. Dieser wurde später von der Bewegung gleichen Namens vereinnahmt.

man jemanden losschickte, um auf dem Mond den begehrten Rohstoff zu holen. Dabei entdeckt er *The Blue Girl*, wie der erste Song heißen sollte.

Wie wir alle wissen, scheiterte dieses Projekt gründlich. Elvis schrieb in seinem ganzen Leben nie auch nur einen einzigen Song.[4] Frustriert begann er mit der Schauspielerei. In 27 Filmen wirkte er mit, und der erste, den er gleich nach seiner Rückkehr drehte, hieß dann auch passenderweise *G.I. Blues*, eben als Hommage an seine Leipzigzeit und das großartige Science-Fiction-Musical um das blaue Mädchen, das er hier hatte schaffen wollen.

Dass Elvis sich gerade Leipzig ausgesucht hat, lag vermutlich an seiner Liebe für Wagner, der hier geboren wurde. Elvis hoffte, noch etwas von dessen Geist in der Stadt zu spüren. Natürlich tarnte Elvis sich. Schnitt sich die Haare kurz. Trug eine dicke Brille, wie sie zu jener Zeit in der DDR en vogue war. Es gibt einen Schnappschuss aus jener Zeit, von dem wir heute annehmen, dass es sich bei dem Mann um Elvis handelt.

4 Einzig bei *You'll be gone* wird er als Co-Komponist genannt.

Viel dünner sieht er darauf aus. Ist auf den ersten Blick kaum wiederzuerkennen. Doch bei näherer Betrachtung fällt die leicht schräge Haltung des Kopfes auf. Der wache, ja, fast bohrende Blick, der den Betrachter einschüchtert, wie er auch schon auf dem Cover von **Elvis As Recorded At Madison Square Garden** zu finden ist. Dazu der halboffene Mund, der ihm immer etwas Abenteuerlustiges verlieh, durch den Elvis in Wahrheit aber Luft einsog, litt er doch zeit seines Lebens unter Polypen, die ihm das Atmen an Sommertagen erschwerten.

Zurück, und dann wieder die **Karl-Liebknecht** weiter runter. Überqueren Sie irgendwann die Straße, wenn es Ihnen möglich ist. Bitten Sie sonst Leute, dass sie Ihnen behilflich sind. Die Leipziger sind nett, und sie sind Menschen wie Sie gewohnt. Trauen Sie sich. Meist lädt man Sie noch ein zu Soljanka und Schubberschwapp, eine Art Party-Getränk nebst Ritual. Lassen Sie sich überraschen ...

Leipzig hat seinen ganz eigenen Sog, und meistens bleibt man länger, als man will. Die Leute reichen einen herum, bekochen einen, lassen einen bei sich wohnen, und eh man sich versieht, ist man Teil Leipzigs geworden. Kaum wer, der heute hier lebt, hat das wirklich beabsichtigt. Sie kamen wie Sie und blieben für immer.

Irgendwann kommt rechts die **Schletterstraße**. Das Eckgebäude, das ist es. Machen Sie ein Foto von sich davor.

Sie finden dort das Bild eines Arztes. Berühren Sie es mit der Hand. Riechen Sie daran. Es lohnt sich.

1.4. DIE SCHÖNHEITSCHIRURGIE –
EINE PFLANZE DES OSTENS

Schletterstraße

Nur wenigen ist bewusst, dass die Schönheitschirurgie nicht aus Florida stammt, sondern aus Ostdeutschland. Genauer gesagt aus Sachsen. Wir alle kennen den Ausspruch *In Sachsen, wo die schönen Mädchen wachsen.* Wobei dieses *wachsen* nicht ganz richtig ist, denn eigentlich müsste es heißen: *In Sachsen, wo die Mädchen schön gemacht werden.* Aber das würde sich nicht reimen.

Mit der Schönheitschirurgie begann man hier Mitte der Sechziger. Man hatte es leid, diese ganzen hässlichen Menschen, und wenn man schon nicht den Reichtum von drüben hatte, so wollte man wenigstens schöner sein. Hier in Leipzig fanden die ersten Busenexperimente stand. Hier ließ man Fett verschwinden, formte Hintern und Gesichter.

Auch Honecker war nicht immer diese sozialistische Ausgeburt an Altherrenschönheit, wie wir sie von den unzähligen, immer gleich wirkenden Fotografien her kennen. Auch er glich einmal in Aussehen und Habitus einem Breschnew, und erst die Errungenschaften der Leipziger Schönheitschirurgie schufen diesen ostdeutschen Beau, zu dem man gerne aufsah und den oft schon Jugendliche als Schönheitsideal anhimmelten.

Silikon kannte zu jener Zeit hier natürlich niemand. Die Rohstoffe waren knapp, und wenn es etwas gab, so war das Braunkohle und Stahl. Und wenn man etwas konnte, dann sich arrangieren. So kochte man, beispielsweise, vorzüglichen Braunkohlekaffee. Formte aus Stahl und Wasser Bananen, die tatsächlich bei der Berührung mit Luft gelb wurden und so dem Kunstbananenesser ein wenig das Gefühl von Exotik vermittelten. Ganz ähnlich war es mit der Schönheitschirurgie.

«So ein Mensch ist im Grunde auch nichts anderes als ein kleines Gebäude, in dem viel Wasser steht. Eine menschliche

Hütte, die man ganz nach Belieben umbauen oder abreißen kann», sagte **Dr. Gerd Diotr**, ein Pionier auf dem Gebiet der Schönheitschirurgie. Unter seinen magischen Händen wuchsen Milliarden von ostdeutschen Brüsten. «Diotr, Diotr, lässt die Bubbels groß werdre», sangen damals schon die Kinder.

Diotr ist es auch, der erst so etwas wie ein Schönheitsideal geschaffen hat. Er sorgte dafür, dass das Bewusstsein und der Wunsch nach Veränderung nicht vor dem eigenen Körper haltmachte – ansonsten war es ja auch nicht so weit her mit der Veränderung zu jener Zeit. Diotr schürte die Unzufriedenheit.

«Dünnsein ist nicht gleich Dünnsein», pflegte er potenziellen Patienten zu sagen und präsentierte selbst Abgemagerten Fotografien von noch dünneren Menschen. Großbrüstigen zeigte er Aufnahmen von noch Großbrüstigeren – die, wie sich später herausstellten, allesamt gefälscht waren. Er selbst war es, der sich mit zwei abgezogenen Hunden, die er sich um seine schmale Knabenbrust gebunden hatte, fotografieren ließ. Dazu trug er Brustwarzen aus dunklen Waldfröschen. Täuschend echt.

Anfangs las Diotr hässliche Menschen von der Straße auf und versprach ihnen, sie schönzuoperieren. Ein René Böhm ist hier entstanden, eine Renate Kollenschwacker. Sämtliche Indianer aus allen DEFA-Indianerfilmen wurden hier erschaffen, und gerade die Siebziger und Achtziger waren eine goldene Zeit für Dr. Diotr. Erst mit dem Ende der DDR veränderte sich auch das Schönheitsideal. Mit einem Mal wollte niemand mehr aussehen wie ein Indianer, stattdessen wollte die ganze Welt sein wie amerikanische Schauspieler – Diotrs Meinung nach eine wahllose Aneinanderhäufung von Überproportionen. Doch seine Meinung interessierte kaum noch wen. Immer weniger ließen sich in der Klinik in der *Schletterstraße* operieren. Viele ließen sich die Braunkohle aus dem Busen entfernen und stattdessen durch das umweltfreundlichere Silikon ersetzen. Alles wurde mit einem Mal größer, der Mensch wurde mehr. «Die Erde schwerer, sie sank sogar ein Stückchen», so Forscher.

Dr. Diotr versuchte noch mit Schnurrbärten und großen Brillen das Ruder des Schlachtschiffes Schönheit herumzureißen – doch leider vergebens. In seiner letzten großen Operation operierte er sich selbst fremd. Seitdem weiß niemand mehr, wie er aussieht. Denn während das Gebäude verfällt und hässlich wird, behaupten immer wieder Menschen, sie hätten ihn gesehen, den Leipziger Schönheitsengel.

Noch heute findet sich eine Fotografie Diotrs an der Hausfassade, in seinen Händen der Bauplan der Schönheit.

Nun möchte ich, dass Sie sich konzentrieren. Denn jetzt wird es etwas komplizierter. Gehen Sie die **Schletter-straße** weiter geradeaus. Rechts gehen Sie ein kleines Stück in die **Bernhard-Göring-Straße**. Richtig, das ist die Straße, in der das Ilses Erika ist. Aber das ist zu weit, um dort noch einen Schlummifix zu trinken. Also weiter, und dann schnell wieder links in die **Hohe Stra-ße**, der Sie folgen, bis diese auf die **Kohlenstraße** trifft. Dort sieht es trist aus. Ein bewachter Parkplatz, auf dem niemand parkt. Ein überwucherter Wendeplatz. Auch dieser ist nicht schön, aber interessant.

1.5. JOANA RODRIGUES ODER WIE DER FADO NACH LEIPZIG KAM

Hohe Straße Ecke Kohlenstraße

«Mecheno di rechio con-stessa, Mi nemo ressio-nioni meloco Leipzig», sang Joana Rodrigues in ihrem letzten großen Hit: «Das Leben ist ein großer Vogel, und ich weiß, wo er lebt: Leip-zig.»
Joana Rodrigues war die wohl bedeutendste Fadosängerin der Welt. *Fado,* das ist die trau-rigste Musik der Welt. Oft bestehen Fadolieder nur aus zwei Tönen, die in schneller oder langsamer Abfolge wechseln. Gerne auch beides. Oft nur gesummt oder gehaucht oder ganz, ganz hoch gesungen, wodurch ein wehklagender Laut entsteht.

Rodrigues hatte durch unglückliche Umstände Anfang der Neunziger Hans Zumaller kennengelernt, einen Portugalurlauber, der nicht das erste Mal versuchte, Frauen nach Leipzig zu locken. Immer wieder, schrieb Rodrigues, bedrängte er sie, bot ihr viel Geld für Fado, aber vor allen Dingen Liebe, sodass sie schließlich einwilligte.

Zumaller hatte ihr gesagt, ihm würden in Leipzig mehrere Fabriken, Villen und Autos gehören, doch in Wahrheit besaß Zumaller nur einen leeren Wendeplatz. Dort hauste er in der Mitte, in einer Konstruktion aus alten Plastiktüten, Einwegflaschen und Stöcken, wie Rodrigues es nur von den Indios her kannte, bei denen sie eine Zeitlang gelebt und gelernt hatte, mit sehr wenig sehr unglücklich zu werden.

Noch am Abend ihrer Ankunft ging Zumaller los und kam mit einigen Plastiktüten wieder, mit denen er die Unterkunft künstlich vergrößerte. Sie stand an der Stelle, an der heute das Gras versucht, die Vergangenheit zu überdecken. Kamen Autos, baute er alles ab, ließ die Fahrer für einen geringen Obolus wenden, baute anschließend alles wieder auf.

Schon allein berufsmäßig war Rodrigues auf die Traurigkeit angewiesen. Glück, das war schlecht fürs Geschäft, und wann immer es kam, wusste Rodrigues es doch durch geschickte Schachzüge wieder zu vertreiben. Liebte sie einen Mann, verließ sie ihn sofort wieder. Ihrer Lieblingskatze *Moléstia* hatte sie das Fell abrasiert. Sich selbst einmal wegen ihrer Schönheit das Gesicht mit einer Fadoschere zerschnitten. Fadoscheren sind sehr scharf und dafür gemacht, glückliche Sachen zu zerstören. Oft dienen sie dazu, Fotos zu zerschneiden, die das Glück abbilden oder aber Gesichter, Häuser, Tiere.

Rodrigues glaubte auf dem Wendeplatz, unter den Planen, mit diesem unsympathisch riechendem Wesen, dem ein dicker Bauch aus dem Bauch wuchs, würde sie ihre besten Fadohits schreiben. Sie probierte sich daran, Fadolieder auf Deutsch zu texten. Und ihr erstes Fadostück hieß dann auch gleich *Hans:*

Hans du traurigkeit
haut haare liebe no no no
ich gehe du gehst
zusammen no
portugal gut
hans schlecht
sehr schlecht

Jeden Tag stand sie nun vor der Nikolaikirche und sang ihre Lieder. Wartete darauf, entdeckt zu werden, während Hans dazu unansehnlich tanzte, herumwirbelte, sich auf den nackten Bauch schlug, wahllos Kinder griff und sich diese in den Speck drückte.

Doch es brachte kaum etwas ein. Hatte Rodrigues es in Portugal mit Fado zu einigem Reichtum gebracht, so kam sie hier gerade so über die Runden. Sie tranken Wasser aus Brunnen, aßen Gefahrgut und Eier, die zu jener Zeit noch nicht so viel kosteten, galt doch Leipzig lange als die Eierhochburg schlechthin.

Doch Portugiesen waren zu jener Zeit nicht nur selten, sondern auch nicht wohl angesehen. Ganz im Gegensatz zu heute, wo der Portugiese neben dem Mongolen zum Lieblingsausländer des Leipzigers gehört. Und so waren es andere, die mit deutschem Fado Erfolge feierten. Ingrid Peters beispielsweise, die als deutsche Fadokönigin gilt und mit Hits wie *Afrika* unsterblich wurde.

Eines Tages, als Zumaller vom Essensrestesammeln zurückkehrte, mit einer bunt bemalten Pfandflasche, die er Rodrigues zum Geburtstag aufgelesen und mit Eierfarben bemalt hatte, fand er sie auf dem Wendeplatz liegen, reglos und kalt. Auf ihrem Leichnam saß ein Rotkehlchen, das ihn vorwurfsvoll ansah und kurz darauf zu singen begann, so schön, wie noch nie zuvor ein Vögelchen gesungen hatte. Dann schwang der Vogel sich auf in den Himmel, nur um sich anschließend auf Zumaller zu stürzen. Hackte auf ihn ein. Vertrieb diesen von hier.

Das Rotkehlchen von Leipzig gibt es auch heute noch. Menschen sehen es, wenn sie sehr traurig sind. Und sehr allein. Es taucht auf Fensterbänken und Zehen auf, setzt sich nieder und singt Lieder. So traurig, so depressiv, dass es den Menschen stets noch etwas schlechter geht und sie das Rotkehlchen zu vertreiben versuchen.

Es geht die Sage, im Inneren des Rotkehlchens lebe Rodrigues. Wenngleich das Vögelchen viel zu klein dafür ist, glaubt man doch hartnäckig daran. Nur Zumaller nicht. Von ihm stammt die Biographie *Fadomaso – mein Leben in der Einbahnstraße*, die sich aber nur recht mäßig verkaufte. 2008 zog es Zumaller nach Mallorca, wo er nun den größten Wendeplatz Europas betreibt.

Noch heute kommen oft Angehörige und/oder Portugiesen hierher, um zu trauern. Denn an dieser Stelle starb die traurigste Stimme der Welt. «*Quejero muliokiono jero* – Hier ist nun der Fado begraben», sagte einst Juan Poppke vom 1. LFV – dem 1. Leipziger Fado Verein über diesen Ort.

An der Stelle, an der es geschah, wachsen heute wieder Blumen. Dazwischen sehen wir noch immer die Asche von Rodrigues' Leichnam – obwohl diese gar nicht hier bestattet worden ist, sondern in *Faro*. Es ist der Wind, der diese wieder hierhertreibt. An die Stelle, an der sie so unglücklich war wie nie zuvor.

Wie's jetzt weitergeht, ist im Grunde viel zu kompliziert, um es zu beschreiben. Fragen Sie die Leute. Auch wenn es noch früh ist, fragen Sie trotzdem. Tun Sie bitte seriös. Geben Sie sich Mühe, deutlich zu artikulieren. Üben Sie diesen Satz erst einmal alleine für sich. Vielleicht mit einem Korken im Mund, wie alle großen Schauspieler das machen.

«Entschuldigen Sie die Störung. Ich bin nicht von hier. Aber wie komme ich denn, bitte sehr, zum **Wilhelm-Leuschner-Platz**?» Hören Sie anschließend gut zu und tun Sie, wie Ihnen geheißen.

1.6. MIRO

Wilhelm-Leuschner-Platz

Den katalanischen Künstler *Joan Miró* kennt jeder, wohingegen den sächsischen Johannes Miro niemand kennt. Johannes Miro heißt eigentlich Hannes Mirosevicz und hegte zeit seines Leben den Wunsch, ein bedeutender Maler zu werden. Ein Wunsch, der verwundert, wuchs Hannes doch in einer Familie auf, der Kunst ohnehin fern war, aber die Malerei im Besonderen. In dem Haus der Mirosevicz waren Farben verboten. Dort fand sich nichts, das bunt war, und gab es doch einmal etwas, so schabte Herr Mirosevicz mit einem Farbschaber die Farben ab, oder man setzte das bunte Stück so lange der Sonne aus, bis die Farben verblichen waren.

Dieses Buch widme ich den Mirosevicz. Deshalb
beinhaltet es keine Farben. Euer Sven Amtsberg.

Niemand wusste darum, woher dieser aberwitzige Wunsch Hannes' herrührte, Maler zu werden.

«Scheiße Farben», schrie Utze Mirosevicz, Hannes' Mutter, und schlug ihrem Sohn ins Gesicht. Als sich seine Wangen daraufhin rot verfärbten, gleich noch einmal. «Scheiße Farbe.»

Vermutlich war es Hannes' Wunsch, sich von seiner Familie abzugrenzen. Denn wenn er vielleicht auch nicht wusste, was er werden wollte, so doch ganz sicher nicht so wie seine Eltern.

Nur, dass es damit natürlich nicht getan war. Picasso war ja auch nicht Maler geworden, nur weil er nicht hatte Schlachter werden wollen. Ein Maler braucht neben Farben vor allem Disziplin. Frühes Aufstehen ist für den Maler oberste Pflicht, denn morgens sind die Augen am größten und die Farben am schönsten. Hinzu kommt viel Training. Denn ein Maler muss erst einmal alles gemalt haben, was es gibt, bevor er dann etwas malen kann, was er sich selbst ausgedacht hat.

Mirosevicz konnte nicht malen. Mirosevicz konnte nur früh aufstehen. Wochenlang tat er das. Sah sich alles an. Malte anschließend. Es war so schlecht, dass er am nächsten Tag oft noch nicht einmal mehr selbst erkannte, was er da hatte malen wollen. Seine nackten Frauen sahen aus wie altes Obst. Seine Landschaften glichen Brät vorm Kuttern. Es war, als besäßen seine Hände ein Eigenleben. *Schlendriane*, nannte er sie. Glaubte tatsächlich, dass seine Hände nachts, wenn er schlief, wach waren. An seinem Kopf saßen und sich über ihn lustig machten. Im Stillen hegte er die Hoffnung, sie würden, während er schlief, bedeutende Werke des ausgehenden 20. Jahrhunderts schaffen, und so ging er tatsächlich eine Weile mit Palette, Leinwand und Ölfarben ins Bett, in der Hoffnung, am nächsten Morgen neben einer sächsischen Mona Lisa oder ostdeutschen Sonnenblumen zu erwachen. Doch meist war er nur von oben bis unten mit Farben besudelt, die sich zwar kaum wegwaschen ließen, aber ihm immerhin so eine Aura des Besonderen verliehen.

Eine Art Erweckungserlebnis hatte er, nachdem er den DEFA-Film *Der Bildhauer* gesehen hatte – die Liebesgeschichte eines Bildhauers zu einem Stein, den wir heute als Kritik daran verstehen müssen, den Menschen als Individuum verändern zu wollen. Stein und Bildhauer lieben sich darin gleichermaßen. Doch der Bildhauer bearbeitet den Stein. Formt ihn, bis dieser augenscheinlich schöner geworden ist. Mit einem Mal merken beide, wie sie sich entfremden. Der eine ein schöner Stein, der andere noch immer hässlich. Schließlich kommt es, wie es kommen muss, die Liebe gerät ihnen abhanden. Der Bildhauer verkauft den Stein.

Ein trauriger Film, den Mirosevicz sich viele Male ansah, bis er selbst den Wunsch in sich verspürte, Bildhauer zu sein. Und wenn er vielleicht auch nicht fähig war, etwas Schönes zu schaffen, so dann doch vielleicht etwas sehr Großes. Anfangs versuchte er Geld von der Stadt zu bekommen. Eine Million Ostmark wollte er haben, was in etwa 800 Euro entspricht. Doch man lehnte ab. Kunst sei nichts für die DDR. Der ganze

Kunstscheiß sei doch ausgemachter Kapitalismus. Kunst dürfe nichts kosten, sonst tauge sie zu nichts als zum Konsum.

Und so wollte Miro, wie er sich nun nannte, es auf eigene Faust schaffen. Immer wieder war er nachts unterwegs und löste heimlich Steine aus Gebäuden der Stadt. Sammelte sie, wusch sie, malte sie an. Fast ein Jahr brauchte er, bis er schließlich genug Steine zusammenhatte. Er nummerierte diese und fertigte einen Plan an, schaffte sie dann an den Wilhelm-Leuschner-Platz,[5] wo er in nur einer Nacht eine Skulptur aufbaute. *Das steinerne Nashorn,* wie alle es jetzt nennen, obwohl es in Wahrheit keinen Namen trägt.

Mit dem Nashorn ist die DDR gemeint. Das Horn ist ein stilisierter Wachturm, dessen Ausguck selbst Gefängnis zu sein scheint – und die Wächter im Grunde zu den wahren Gefangenen macht.

Wir sehen die halboffenen Augen, die mit der Umwelt zu verschwimmen scheinen, eins damit werden. So wie auch das Volk Auge und Umwelt zugleich sein sollte.

5   Dieser Ort war bewusst gewählt, denn *Wilhelm Leuschner* kämpfte nicht nur gegen die Nationalsozialisten, sondern absolvierte auch eine Lehre als Holzbildhauer.

Hinten sehen wir die Stiege. Ein kleiner Einstieg, der in das Hinterteil des Nashorns führt. Darin erhofft sich der Hineinkriechende Sicherheit. Doch um welchen Preis?!

Miro schrieb seinen Namen daran. *Miro XL*, wie er sich fortan nannte. «Der Künstler mit den größten Kunstwerken», so ein Slogan, von dem nicht ganz klar ist, ob er von Miro stammt.

Am Tag darauf kam Miro schon früh hierher. Er hockte sich in eins der Gebüsche und wartete. Er wollte sehen, wie die Menschen auf sein Kunstwerk reagierten.

Doch niemand beachtete es, so sehr schien es eins mit seiner Umgebung geworden zu sein. Keine Zeitung berichtete darüber, geschweige denn *Die Aktuelle Kamera*. Es geschah einfach exakt gar nichts. Wochen verbrachte Miro hier bei seinem Nashorn, stand dann einfach auf und verschwand für immer. Wir wissen nicht, wohin, ob Miro heute überhaupt noch lebt.

Lieber Miro,
wenn du das liest, bitte melde dich bei uns.
Wir vermissen dich.
Deine Utze, dein Pappa, dein Sven.

Das Nashorn erlangte erst in den letzten Jahren einige Berühmtheit durch den gleichnamigen Film sowie durch das Cover zur letzten Platte von *Stahlschnute*, die passenderweise *Nasihorn* hieß.

Jetzt ist es leichter: Von hier geht es in die **Petersstraße**, die Sie mit guten Augen schon vom Wilhelm-Leuschner-Platz aus sehen werden. Sie liegt im Gewusel der Innenstadt. Von dort geht irgendwann der **Peterskirchhof** ab.

1.7. DIE ENTDECKUNG DES GELDES

Peterskirchhof

Das Bild *Die Entdeckung des Geldes* des französischstämmigen Malers Berent Zirkuler hing lange hier an dieser Stelle, an der heute nur nackte Fläche geblieben ist. Ein farbenprächtiges Gemälde, das die ganze Wand überzog und von dem die Überlieferung sagt, es hätte nie wieder solch leuchtende Farben gegeben. Vielen war es wie ein Abzug des Lebens auf Stein vorgekommen. Eine Art Fotografie, obwohl die Fotografie zu jener Zeit noch in den Kinderschuhen steckte und Fotografien oft an Kunstwerke des Pointillismus oder Kubismus erinnerten und das Leben eher verfremdeten als dokumentierten. Aus jener Zeit stammt auch die Angst der Menschen vor der Fotografie. Hatte man doch davor Angst, dass nicht das Foto wurde wie der Fotografierte, sondern umgekehrt.[6]

6   Diese Angst verkaufte man später an die Massai, die sie noch heute besitzen und ausleben, während wir inzwischen viel modernere Ängste haben.

Das Gemälde *Die Entdeckung des Geldes* zeigte ein großes Loch, in dem man eine riesige Kiste fand. Eine Ausgrabung, für die es zehntausend Menschen brauchte, um all das Geld ans Tageslicht zu bringen.

Der Sage nach hatte man beim Anblick der Wandmalerei das Gefühl, man blicke in große Tiefe, stand man davor. Und ein gewisser Sog wäre zu spüren gewesen, von dem die einen sagten, es läge am Geld, die anderen, an der Tiefe. Ulbricht ließ dieses Gemälde irgendwann verbieten und abmontieren. Heute weiß niemand mehr, wo es sich befindet. Aber man munkelt, es hinge in der chilenischen Ferienwohnung Honeckers, gleich über dem Bett aus reinem Phenoplast.

Nun gehen Sie bitte zum Bahnhof, auch der ist sehr schön, doch zu sagen gibt es nichts darüber. Aber hinter dem Bahnhof finden Sie die **Eisenbahnstraße**. Da gehen Sie bitte hin.

«Clemens ist ein Blume Leipzigs», so steht es an einer Wand der Nikolaikirche. Und tatsächlich wäre Clemens Meyer, so wie wir ihn heute kennen, nicht denkbar ohne Leipzig. Und vermutlich wäre auch Leipzig ohne ihn nicht denkbar.

Noch heute klingeln oft Touristen bei ihm, um Fotos von Clemens in seinem Zimmer zu machen, wie er dort am Schreibtisch sitzt oder intellektuell auf dem Sofa liegt, Fußball sieht und Bier trinkt. Er ist ein Teil Leipzigs. Eine Sehenswürdigkeit so wie das Völkerschlachtdenkmal etwa, von dessen Aussichtsturm man tatsächlich mit dem Fernglas in Clemens' Zimmer sehen kann. Dort steht Clemens oft und winkt.

1.8. DER LANGE WEG ZUM WINTERGARTEN

Ein Gastbeitrag von Clemens Meyer

Eisenbahnstraße

Auf dem Weg zum Wintergartenkino komme ich durch diese seltsame Straße, in der die Fußwege höher liegen als anderswo in Leipzig. Schwer zu beschreiben das Ganze. Denn es sind eigentlich zwei Fußwege, zwei Bürgersteige, also zwei links, zwei rechts. Ein kleiner schmaler, direkt neben der Straße, unterhalb des hoch gelegenen. Eine richtige steinerne Wand ist das, wenn man da nach oben schaut. Hochwege. Ich sehe die eisernen Geländer, eine Art langgezogene Terrasse, zu beiden Seiten der Straße. Ich erinnere mich, dass ich als Kind immer dort oben laufen wollte, der Vater und die Schwester waren unten, und ich winkte ihnen zu und beugte mich übers Geländer, graue Häuser hinter mir. Eine seltsame Geometrie der Stadt ist das, rund um die Eisenbahnstraße, in der sich das Wintergartenkino befindet. Eines der ältesten Kinos in Deutschland. Ein Kanal, denke ich jetzt, diese Straße mit den Hochwegen ist wie ein trockengelegter Kanal. Hinter den Häusern höre ich die S-Bahn, die fast bis zu meinem Haus fährt, ein paar Kilometer entfernt, aber ich wollte das alte Kino zu Fuß erreichen. Denn es verstört mich jedes Mal, dass die Züge an der S-Bahn-Station vor meinem Haus nicht mehr auf zwei Ebenen verkehren, diese stählernen Konstrukte und Viadukte wurden weggerissen kurz nach der Wende. Güterzüge belieferten die riesige Fabrik, die gegenüber meines Hauses lag, jetzt wächst dort ein Wald. Ein paar der alten Stahlträger haben sie einfach zwischen den Trümmern der Fabrikhallen abgelegt damals, und jetzt wuchern die Bäume und Büsche um sie wie um große Koniferen. Das sieht man aber nur, wenn man sich in diesen mittlerweile sehr dichten Wald begibt. Manchmal wache ich nachts auf und glaube das Quietschen und Rumpeln auf diesem Industriebahnhof am

Rande der Stadt zu hören, auf der oberen Ebene fuhren die S-Bahnen und Züge bis Altenburg und Zwickau.

Früher war die Eisenbahnstraße wie ein dunkler feuchter Kellergang. Das Wintergartenkino liegt stadteinwärts. Wenn man die Eisenbahnstraße aber stadtauswärts läuft, sie dann über eine Eisenbahnbrücke verlässt und rüber nach Schönefeld geht, dann den Straßenbahnschienen folgt bis zur Endstelle, die Linie 21 ist das, kommt man zu einem kleinen Wäldchen. Eine Mauer begrenzt es zur Straße hin wie einen Park. Wege zwischen den Bäumen. Die führen zu einem Tal, in dem wachsen Nadelbäume, sehr viele Nadelbäume, die Stadtgrenze verläuft irgendwo dazwischen. Und hinter diesem Tal: Berge. Keine besonders hohen Berge, denn so etwas haben wir in Leipzig nicht. Tieflandbucht. Aber diese felsigen Berge verlaufen bis rüber nach Sachsen-Anhalt, dem Tellerrand der Tieflandbucht im Prinzip. Dahinter beginnen wieder Straßen und Dörfer und Gewerbegebiete, dieser Flecken uriger Natur scheint größer, als er in Wirklichkeit ist. Mit der Schulklasse bin ich dort oft wandern gewesen, Wandertage, aber die Bänke und Rastplätze sind vermodert und halb verrottet, in dem Tal liegt Müll, als ich letztens dort war und den Aussichtspunkt suchte, von dem die Felsen und Hügel und das Tal und die Bäume aussehen wie der Thüringer Wald, traf ich nur zwei alte Männer, die ihre Hunde ausführten. Die Stadt vergisst ihre schönsten Plätze, nur im Zentrum wird geklotzt. Traurig.

Und so rattert dieser Erinnerungsfilm durch meinen Kopf, während ich das Wintergartenkino suche. Die Straße mit den Hochwegen habe ich längst durchwandert, bin in der Eisenbahnstraße jetzt, erleuchteter feuchter Kellergang. Dönerbuden, Spielotheken, Spätverkäufe, Eckkneipen, die die Zeit überlebt haben, Wettbüros, Ramschläden, Fidschikram, Tattoobuden, und immer wieder Häuser mit toten Fassaden. Ein längst pleitegegangener Plattenladen an der Ecke, in einem Haus, in dem nur noch eine alte Frau wohnt, ganz oben. Solange dort das Licht brennt in den Nächten, lebt sie noch. Sagen die Taxifahrer. Und dass ihr das Haus gehört,

sie aber nicht verkaufen will. Aber vielleicht ist sie schon tot und das Licht brennt, bis die Drähte in den Birnen reißen. Abrissbirnen warten. Im Schaufenster des Plattenladens alte Platten zwischen Staub und Papieren und Plastikbechern, eine seltsame Anordnung. Schlager, Jazz, Operetten. Amiga und Eterna, längst untergegangene Label.

Die Tür des Kinos ist verrammelt. Eher ein großes Tor ist das. Fast ein Portal. Mitten zwischen den Häusern. Der geschwungene Schriftzug «Wintergarten» leuchtet schon lange nicht mehr. Ich habe von dem Zeichen gehört und klopfe. Schlage mit der Faust gegen das Holz. Drei Mal. Pause. Zwei Mal. Pause. Dann vier Mal kurz und schnell. Spätvorstellung, Kinopartisanen Ost, halb legal ist illegal, Hauptsache, der Projektor rattert, das Kino der Jugend liegt auch in der Eisenbahnstraße, aber am anderen Ende, stadtauswärts, auch dort versuchten die Kinopartisanen Ost den Verfall und die Zeit zu stoppen, die Einsteinkurve der Filmkunst und Kinokultur, aber die Bud Spencer/Terence Hill-Retrospektive musste nach zwei Filmen beendet werden, weil ein Feuer im Keller ausbrach, wahrscheinlich Penner, die dort schliefen. Dabei hatten die Kinopartisanen sogar versucht, Terence Hill persönlich einzuladen, denn der lebte ja einige Zeit in Dresden, seine Mutter war Deutsche, und in seiner Kindheit hat er wohl auch oft Leipzig besucht, und natürlich die legendären Kinos dieser Stadt, Capitol, Schauburg, Casino, Filmtheater der Freundschaft, Kamera Eutritzsch, Kino der Jugend, Wintergarten.

Ein Schwarzer öffnet mir, Neger darf man ja nicht sagen, und er sieht wirklich ein wenig aus wie Eddie Murphy in *72 Stunden.*

«Buddy haut den Lukas», sage ich.

«Zwiebeljack räumt auf», verbessert er mich und meine Parole, lässt mich dann aber trotzdem ein.

Kerzen und Teelichter brennen links und rechts auf dem Boden. Ein langer modriger Gang, Filmplakate an den Wänden, manche hinter Glas, auf dem sich die Kerzenflammen spiegeln. *Otto der Film, Es war einmal in Amerika, Das kleine schwarze Kästchen, Der Zauberzopf* ... Ich erinnere mich an diesen chinesischen Klassiker, in dem es ein Mann und sein magischer Kampfzopf während des Boxeraufstands in China mit ganzen Armeen aufnahmen, sie mit schwingender Haarkeule vernichtete ... *Mein Leben als Hund, Moritz in der Litfaßsäule, Die Olsenbande ergibt sich nie.*

Am Kassenschalter stehen schon ein paar Filmfreunde, gemischtes Publikum, zwei alte Männer mit einer noch älteren Frau, Langhaarige, Anzugträger, ein Fidschi, drei hübsche junge Frauen, John Lennon, Subversive, Intellektuelle, alles und alle im Halbdunkel, die Erinnerungen gestalten die Szenerie, irgendwo rattert ein Diesel- oder Benzinaggregat. Es gibt Bier und Limo und Schokoriegel und Nüsse. Kein Popcorn, das ist eine der Maximen der Kinopartisanen Ost. Ich schaue auf den abgebröckelten Deckenstuck des Vorraums. Drinnen im Saal werden die alten großen Leuchter dunkel ihre Schatten werfen, nur ein paar Lämpchen brennen auf dem Boden an den Metallleisten. Teppichboden. Klappstühle aus Holz, nur manche haben noch den alten Plüschbelag. Erster Rang. Eine Art Holztribüne direkt unter dem kleinen

Fenster, aus dem der Strahl des Filmes fächerförmig die Leinwand berühren wird. Der rote Vorhang noch geschlossen.

Jemand erzählt etwas über einen geheimnisvollen italienischen Investor, der das alte Kino angeblich schon gekauft hat und es originalgetreu wieder renovieren und herrichten will, nur *ein* Saal, wie sich das gehört. Ich halte ein graues schmales Billett mit Abreißnaht in der Hand. Welcher Film läuft, bleibt bis zum Gong Geheimnis. Und dann ist es schon so weit. Der Vorhang öffnet sich surrend. Vorfilm, Trickfilm. *Arthur der Engel*. Noch ein Kurzfilm. Hauptfilm. *Zwei Himmelhunde auf dem Weg zur Hölle*.

Ach, denke ich, fast zu schön, um wahr zu sein. Zwanzig Filmfreunde versinken in ihren Sitzen. Wintergarten, jenseits der Zeit.

 Echt weit jetzt. Also, die Eisenbahnstraße zurück, dann in die **Brandenburger, Tröndlinring, Ranstädter Steinweg, Jahnallee, Lützner, Zschochersche**. Von dort geht irgendwann die **Markranstädter Straße** ab.

1.9. BINGO MINGO

Markranstädterstraße

Der Bingo Mingo geht auf das Volk der Inka zurück, wo Bingo Mingo so viel bedeutet wie «schnell, schnell, Kreis». Rief dort der Stammesfürst zum Bingo Mingo, bildete sein Gefolge einen Kreis, den es immer enger werden ließ. Einen Bingo Mingo konnte man um Tiere bilden, um Menschen, aber auch um Dörfer, sogar ganze Städte. Wer einmal in den Zirkel eines Bingo Mingos geriet, der wusste, seine Stunde hatte geschlagen. Die Inkas hielten den Bingo Mingo so lange aufrecht, bis ihr Opfer in ihrem Kreis verhungert oder verdurstet war. Tage konnten sie reglos verharren, sich an den Schultern fassend,

Knie und Füße so eng beieinander, dass es kein Entkommen gab. Selbst den Amazonas hatte man durch einen Bingo Mingo umgeleitet, sodass er dort floss, wo er auch heute noch fließt.

In Deutschland ist der Bingo Mingo natürlich verboten. Auch bei den Inkas wird er kaum noch praktiziert, gibt es doch kaum noch Inkas, und die wenigen, die existieren, reichen kaum aus, um einen anständigen Kreis zu bilden.

Wie es dieser Brauch nach Leipzig geschafft hat, ist ungeklärt. Aber den ersten Bingo Mingo beobachtete man hier in den späten Fünfzigern, wo sich eine wesentlich modernere Version manifestierte. Hier meinte Bingo Mingo das Zumauern von Türen. Leute konnten morgens aus ihrem Schlafzimmer treten wollen und fanden dessen Eingang vermauert. Ebenso die Fenster. Man schätzt, dass damals Tausende dem Bingo Mingo zum Opfer fielen und es noch heute Räume gibt mit den verwesten Leichnamen der Eingemauerten darin.

Der Leipziger Bingo Mingo ist eines der großen Geheimnisse der Menschheit. Denn obwohl es sogar eine Aufklärungsgruppe Bingo Mingo gab und gibt, kann dieses Phänomen bis heute nicht erklärt werden. Noch immer geschieht es, ohne dass jemand weiß, wie.

Traurige Berühmtheit erlangte der Bingo Mingo schließlich 1961 in Ost-Berlin. Aber das wissen Sie ja sicher.

Nun haben Sie es fast geschafft. Eine Station noch und Sie sind am Ziel angekommen. Dort erwartet Sie Leipziger Easy Livin', sächsische Strandschönheiten, Surfspiele der Liebe.
Im Grunde ist es nur geradeaus: Aber sehr, sehr lange. Nehmen Sie ein **Taxi.**

1.10. HANSESTADT LEIPZIG

**u. a. Markkleeberger See,
Lindenauer Hafen**

Der Wunsch nach Schifffahrt war in Leipzig schon immer so groß wir nirgends sonst. Matrosenchic, Hafenromantik, dazu das Flair der weiten Welt, so sah Leipzig sich selbst. Hansestadt Leipzig nannte man sich scherzhaft, und hätte die Stadt einen Wunsch frei gehabt, so wäre das ganz sicher gewesen, in einer Reihe mit Hamburg, Bremen oder Lübeck genannt zu werden. Nur dass Leipzig über keinerlei nennenswerten Schiffsverkehr verfügte und die Anbindung an die Weltmeere mehr als nur schlecht war. Immer wieder unternahm man Versuche, Leipzig künstlich an die großen Gewässer anzuschließen. So plante man in der ersten Hälfte des letzten Jahrhunderts einen sogenannten Elster-Elbe-Kanal. Ein Projekt, das damals schon belächelt wurde und wegen des Krieges nie beendet werden konnte. Doch losgelassen hat die Maritimität Leipzig nie, und daher legte man wenigstens im Stadtraum künstliche Flussbetten an, um dort Flüsse fließen zu lassen, die man sich selbst ausgedacht hatte: Luppe, Pleiße, Parthe. «Im Rausch erdacht, und nun, Eiferbibsch, Wirklichkeit», hieß es vom Flusswart bei der Eröffnungsrede, bevor anschließend hundertdrei weiße Pferde die gigantischen Tücher von der Pleiße zogen.

Woher man so viel Wasser habe, fragten sich viele, und erst später fand man heraus, dass es in einer jahrelangen Aktion,

der Aktion Rheingold, mit Koffern hierhergeschafft worden war. Schon damals gab es eine Meldung im Rüdesheimer Merkur, wo es hieß, dass man auffällig oft sich bückende Männer im Stasichic am Ufer des schönsten aller Flüsse beobachtete. Und tatsächlich holte man 5 Billiarden Liter Rheinwasser in kleinen, wasserdichten Aktenkoffern nach Leipzig. Und man kann sicher allerhand Schlechtes über die Stasi sagen, aber Willen und Ausdauer, das hatte sie.

Nach dem Niedergang der DDR gab es immer wieder Pläne, das Rheinwasser zurückzugeben, doch das Thema geriet mehr und mehr in Vergessenheit. Heute weiß kaum noch wer, dass ein Stück Rhein in Leipzig fließt.

Doch so schön diese künstlichen, possierlichen Flüsse auch anzusehen waren, so wenig taugten sie für echte Schiffe. Die wenigen ausländischen Kapitäne, die man hierhergelockt hatte, merkten recht schnell, dass ihnen hier falsche Tatsachen vorgegaukelt wurden. Trotz der Landungsbrücken, die man nach dem Vorbild Hamburgs gebaut hatte. Trotz der Spelunken, der extra in Prostitution ausgebildeten IMs. Trotz *Erichs Hafenbasar*. Der Bars, in denen Mädchen antiimperialistisch Busen schleuderten und Pferde mit Nackten darauf herumritten und umgekehrt. Der große Schiffsverkehr blieb aus.

Manchmal käme es ihm so vor, als hätte man Leipzig vor Urzeiten genommen und aus der Nordsee hierhergebracht. Als wäre es ein Sylt der Herzen, sagte einmal ein bekannter Lokalpolitiker im Brausebrand. Und tatsächlich, wer sich einmal die Mühe macht, die Umrisse Leipzigs von 1903 und die Sylts nachzupausen, wird feststellen, dass beides ineinanderpasst.

Heute erscheint uns die Idee, einen Teil Deutschlands einfach fluten zu wollen, als wahnsinnig, aber eine Zeitlang wurde tatsächlich darüber nachgedacht, sämtliche Bundesländer, die Leipzig von der Nord- und Ostsee trennten, zu überschwemmen. Schließlich beschloss man, nur den Stadtteil Lindenau zu fluten.[7]

Selbstverständlich sehr zum Verdruss der Lindenauer, die, da nun fast sämtliche Straßenzüge bis zum zweiten Stock unter Wasser standen, sich genötigt sahen, zusammenzurücken. Man wohnte in dieser Zeit mit bis zu fünfzehn, manchmal sogar zwanzig völlig fremden Menschen zusammen in einer Wohnung. Hinzu kam, dass die meisten ihre Jobs verloren – denn kaum wer in Lindenau besaß ein Boot und konnte damit das Haus verlassen. Angedacht war es, eine Art Linienschiff einzurichten, das die Leute abholte und Touristen brachte, aber in den Anfangstagen der künstlichen Maritimisierung Leipzigs war das natürlich noch Zukunftsmusik. Nach nur wenigen Tagen war das Wasser versickert und hinterließ Milliardenschäden an den Häusern. Noch heute liegt oft ein Brackgeruch über Leipzig, der aus jener Zeit stammt.

Trotzdem – die Seefahrerei hat Leipzig keine Ruhe gelassen. Und auch wenn ihnen die ganz große Schifffahrt verwehrt bleiben wird, so hat man doch 1999 damit begonnen,

7 Noch heute findet sich dort ein Hafen. Der einzige Hafen der Welt, der nicht auf dem Wasserwege zu erreichen ist.

sich hier in Markkleeberg selbst ein Meer zu schaffen. Die Südsee des Ostens, wie es auch genannt wird. Eines Tages soll der Markkleeberger See größer sein als Ost- und Nordsee zusammen. Dann wird es auch nicht mehr *der* Markkleeberger See heißen, sondern *die*.

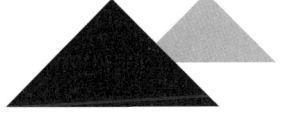

2. MÜNCHEN

Für Ausländer gibt es kaum eine Stadt, die ihnen deutscher erscheint als München. Ist doch ihrer Meinung nach hier alles vereint, was Deutschland ausmacht: kurze Hosen, Bier und Blasmusik.

Lieber Ausländer, auch uns geht es so.

Beginnen wollen wir im Epizentrum der Bayrischkeit. Richtig, das Oktoberfest auf der **Theresienwiese**, das immer eine Reise wert ist. Selbst wenn gerade mal nicht Oktober ist. Dort finden sich immer Leute, die zum Trinken nur allzu gern bereit sind und in Trachten darauf warten, dass Touristen sich mit ihnen fotografieren lassen wollen.

Ich bin froh, dass ich Joey Goebel für diesen Gastbeitrag gewinnen konnte, denn wie kein anderer ist Joey mit dem Oktoberfest verknüpft. In der Literaturszene ist es ein offenes Geheimnis, dass Joey Goebel auf dem Oktoberfest zur Welt kam. Seine Eltern sind extra deswegen dorthin gereist, in der Hoffnung, die aufgesetzt gute Laune, diese oft melancholische Euphorie, all das würde auf das Naturell ihres Sohnes abfärben. Ein Plan, der aufging. Joey ist heute der Inbegriff guter Laune, verrückter Tänze in Trachten, und selbst das Jodeln hat er in Amerika mit seiner Band *The Mullets* bekannt gemacht. Dank ihm begeistern sich heute selbst Jugendliche fürs Jodeln, und in manchen Bundesstaaten hat es Football und die Cheerleaderei verdrängt.

2.1. SO ÜBERSTEHEN SIE DAS OKTOBERFEST – EINE ANLEITUNG

Ein Gastbeitrag von Joey Goebel, übersetzt von Friederike Moldenhauer

Oktoberfest, Theresienwiese

Jedes Jahr ist München den ganzen Oktober lang (und an bestimmten Tagen im Mai) Gastgeber eines bierseligen Fests, das gleichbedeutend mit Deutschland per se ist: das Oktoberfest. Vor allem bekannt wegen seiner Bierzelte, in denen einsame Männer an langen Tischen sitzen und sich gegenseitig kritisieren können, dient dieser riesige Jahrmarkt als weltweit größtes Treffen von Patienten mit Geschlechtskrankheiten.

Der Ursprung dieser weltberühmten Kirmes ist auf den verzweifelten Versuch eines Alkoholikers, zwischenmenschliche Beziehungen aufzubauen, zurückzuführen. **Dino Kügelbach** hieß dieser Alkoholiker, einer der geschicktesten Hundefänger Bayerns und Erbe des Kügelbach-Umlaut-Vermögens. (Sein Urgroßvater war der Erfinder des Umlauts. Er sorgte dafür, dass seine Nachfahren jedes Mal ein Zehntel eines Euros bekommen, wenn ein Umlaut von Mensch oder Tier gesprochen wird.) Abgesehen von seinem Talent und Reichtum erwies sich Dino als ein derart unbeliebter und unruhestiftender Säufer, dass er schließlich in keiner einzigen Bar in München mehr bedient wurde. Er vermisste die Kame-

radschaftlichkeit des Trinkens in der Öffentlichkeit und den Blick auf unbedeckte Kniescheiben und entschloss sich eines Tages im Oktober 1974, eine spontane Bier-Party in seinem Vorgarten zu veranstalten. Jeden in der Stadt lud er dazu ein. Obwohl es damals noch niemand ahnen konnte, war das eigentlich das erste Oktoberfest.

Seit jenem Oktober ist Dinos Bier-Party immer aufwendiger geworden. Was zunächst mit einem einzelnen Bierzelt mit zwei langen Tischen begann, ist nun zu drei Bierzelten mit sechs langen Tischen geworden. Darüber hinaus hat sich das Fest von einer Gelegenheit, sich ordentlich zu betrinken, zu einem Multi-Media-Spektakel entwickelt, das allen etwas zu bieten hat. Familien können die zahlreichen Terrorismus-Vergnügungsparks besuchen oder sich an den berühmten Urin-Paraden erfreuen. Haarwuchs-Wettbewerbe bereiten Jung und Alt Vergnügen. Frauen stürzen sich von Dächern in der Hoffnung, ungewollte Schwangerschaften zu beenden.

Bevor Sie das Oktoberfest besuchen, sollten Sie einige Dinge beachten:

1.) Kommen Sie mit leerem Magen! Das wird die berauschende Wirkung des Alkohols intensivieren und beschleunigen. (Erwarten Sie nicht zu viel zu essen auf dem Fest. Tacos und Omeletts wird es geben, aber zu überteuerten Preisen.)

2.) Kommen Sie frühzeitig. Die Zelte haben unvermeidlich jeden Abend gegen 21 Uhr kein Bier mehr und servieren dann nur noch Banana Daiquiris.

3.) 95 Prozent aller Gäste auf dem Oktoberfest leiden unter einer sexuell übertragbaren Krankheit. Das war nicht immer so. In den späten achtziger Jahren fand eine Syphilis-Selbsthilfegruppe heraus, dass das permanente Singen unter Alkoholeinfluss half, ihren abscheulichen Zustand zu bessern. Das verbreitete sich wie ein Lauffeuer, bis München schließlich ein Reiseziel für Menschen mit Geschlechtskrankheiten wurde.

4.) Im Allgemeinen ist es ein verdrießliches, fast düsteres Event. Die meisten Fremden werden sich wundern, dass Lachen, Frohsinn und jegliche Art von lauten Geräuschen auf dem Oktoberfest weitestgehend unterbunden werden. Wenn auch gelegentlich aus Versehen Dekadenz und Prasserei auftreten, ist die vorherrschende Stimmung des Fests ernst und erinnert zuweilen an eine Fachtagung irgendeines bayerischen Totenkults.

5.) Seien Sie darauf gefasst, über persönliche Probleme zu sprechen. Die Freitage und Samstage des Oktoberfests sind auch bekannt als die *Langen Nächte des Jüngsten Gerichts*. Diese Abende sind reserviert für Menschen, die über ihre Probleme mit anderen reden und ihnen zeigen möchten, in welchem Maße sich ihre Geschlechtskrankheiten seit dem letzten Oktober verbessert oder verschlimmert haben. (Einige von ihnen machen das schon seit über dreißig Jahren!) Darüber hinaus zwingt an diesem kläglichen vierten Wochenende irgendwann der betrunkene Bürgermeister alle dazu, ihm zuzuhören, wenn er sich über Probleme mit seinem Vati beklagt.

Wenn Sie die Freitag- und Samstagabende überstanden haben, dann könnten bestimmte Dinge eintreten, die dazu führen, dass Sie es nicht bereuen, das Oktoberfest besucht zu haben. Aber im Großen und Ganzen ist es eine traurige, von

Krankheiten heimgesuchte Veranstaltung. Und ironischerweise werden die immensen Biermengen auf dem Oktoberfest meistens deswegen konsumiert, damit die Gäste vergessen können, dass sie sich auf dem Oktoberfest befinden.

Folgen Sie nun bitte der **Matthias-Pschorr-Straße** in eine Richtung, für die Sie sich nun entscheiden müssen. Irgendwann sollte aus dieser Straße die **Mozartstraße** werden. Tut sie das nicht, gehen Sie bitte wieder zurück.
Von der Mozartstraße biegen Sie irgendwann links in die **Lindwurmstraße**. Dieser folgen Sie, bis Sie zum **Sendlinger-Tor-Platz** kommen. Dieser ist nicht wirklich ein Platz, sondern eher eine Straße. Weiter geradeaus. Dort sollten Sie irgendwann die Straße **Oberanger** finden.

2.2. DER BLAUE RADFAHRER VON MÜNCHEN

Oberanger

Der blaue Radfahrer von München ist ein Mythos, ähnlich dem der Ufos: Viele glauben ihn gesehen zu haben, doch beweisen lässt sich kaum etwas. Nur durch Zufall, List und Ausdauer ist mir dieses einzigartige Foto gelungen, auf dem der blaue Radfahrer verschwommen von hinten zu erkennen ist. Von vorne hat ihn noch nie jemand gesehen, und es ist als rein spekulativ zu betrachten, dass er überhaupt so etwas Banales wie ein Gesicht besitzt.

Es gibt ein Bild des esoterischen Malers Erwin Schimmid, auf dem das Gesicht des blauen Radfahrers als Tunneleingang dargestellt wird, an dessen Ende ein Licht zu sehen ist. Nackte Frauenwarzen ragen bei längerer Betrachtung daraus hervor, sowie blonde Haare.

Schimmid hat sich dafür oft anfeinden lassen müssen, da all das als ausgemachter Humbug angesehen wird. Gerade die Sache mit den langen Busenwarzen gehört wohl eher in den Bereich der Altmännerphantasie als in ein Werk von realistischer Strahlkraft.

Als erwiesen gilt jedoch, dass der blaue Radfahrer stets diesen dunkelblauen Anorak trägt, sowie eine schwarze Umhängetasche. Vorne am Fahrrad ist ein Korb befestigt, von dem man sagt, dass dieser für Opfergaben bestimmt ist. Die Leute sollen Hühner und Geldscheine hineinlegen, um so den blauen Radfahrer friedlich zu stimmen. Im Gegensatz

zu ihm sieht man sein Fahrrad ständig irgendwo an Häuser-
wänden lehnen, und es geht das Gerücht, dass der blaue Radfahrer mehrere solcher Fahrräder besitzt, die er nach einem
schwer zu durchschauenden System wechselt, wie er lustig
ist. Manchem ist eins dieser Fahrräder auch schon im Schlaf
erschienen, und er legte hinein, was zu geben er hatte. Am
nächsten Morgen fehlten diese Opfergaben dann tatsächlich
aus seinem Haushalt!!!

Der blaue Radfahrer kommt so plötzlich, wie er auch
wieder verschwindet. Er ist nicht von dieser Welt, so viel ist
schon mal klar. Er fuhr schon Fahrrad, als das Fahrrad noch
nicht einmal erfunden war. Es finden sich Berichte über ihn
in Schriften aus dem 17. Jahrhundert, wo die Leute natürlich
ungleich erschrockener waren «über das metallene Pferderl
und den blauen Eskimoquatschernackrl» als heute. «Wuders
vial bluorle jockerl, fullmer duorer Pforderl, schnuff dar
umbe mosen fitzen», heißt es etwa im *Münchener Abendlied
von 1654.*

Hinten auf dem Fahrrad sehen Sie das schwarze Kästchen,
über dessen Inhalt es unterschiedliche Auffassungen gibt.

Die Esoteriker sagen, darin fände sich Mupilowo, eine Art unsichtbares Elixier, das sich rasend schnell ausbreite und alle in einem Umkreis von mehreren Kilometern hysterisch glücklich mache – was erklären würde, warum man derart angestrengt nach dem blauen Radfahrer sucht. «Er ist es, der mit unserem Glück davonfährt», schrieb schon ein bekannter Autor, der sich als blauer Radfahrer verkleidete, um ihn so, wie er sagte, zur Strecke zu bringen und das Glück unter den Unglücklichen zu verteilen.

Die *Blue Biker Group* hingegen, ein internationaler Zusammenschluss von Gläubigen, glaubt, dass es sich bei dem schwarzen Kästchen um eine Art moderne Krippe handle, in der ein kleines Kind liegt – der Gott der *BBG*. Ein kleines Kind in einem kleinen, blauen Anorak mit einer kleinen, schwarzen Umhängetasche, für das der blaue Radfahrer nur eine Art Lakai ist, dessen Auftrag die bloße Beförderung Gottes ist.

Immer wieder meinen Leute, ihn gesehen zu haben. Manche behaupten steif und fest, er hätte mit ihnen gesprochen. Hätte Geld haben wollen. Es gibt sogar verrauschte Aufnahmen, auf denen er sagen soll: «Ein Enkel schickt mich. Das Geld. Bitte, das Geld.»[8]

Andere wieder glauben, es wäre nichts weiter mit ihm. Er lebe glücklich irgendwo mit Frau und Kind in München und radle nur gerne sehr schnell. Und der blaue Radfahrer wäre immer jemand anders. Immer der, den man eben gerade sehen will. Er gibt uns Hoffnung. Hoffnung.

 Oberanger weiter, dann rechts in eine Straße namens **Sebastiansplatz**. An dessen Ende finden Sie die **Prälat-Zistl-Straße**.

---

8 Diese Aufnahmen liegen mir vor. Eben deshalb muss ich sagen, es könnte auch genauso gut heißen: «Das Brot. Was ist eigentlich mal mit dem Brot?»

2.3. TISCHE UND STÜHLE

Prälat-Zistl-Straße

Die Beine des Menschen der Vergangenheit waren voll Wasser vom ständigen Stehen. Der Mensch von damals stand ständig, kannte er doch nichts anderes. Bei Einbruch der Nacht fiel er um, schlief, nur um sich am nächsten Tag wieder aufzurichten und den Rest des Tages stehend zu verbringen. Der Mensch der Vergangenheit war stets erschöpft. Und mit Mitte zwanzig waren die Beine der meisten Menschen größer als deren Oberkörper – von den Muskeln vom Stehen und den Wassereinlagerungen, die ihnen in Füße und Unterschenkel liefen. Es kam zu sogenannten *Wadenlecks*, aus denen *Beinwasser* lief, und es war keine Seltenheit, dass man früher in den Straßen in Beinwasserpfützen trat. Beinwasser roch nach Fuß, nur schlimmer. Man schüttete Sand hinein, um das Beinwasser zu neutralisieren, und erhielt stattdessen eine Art Beinschlamm, den man in Gewässer kippte. Seitdem riechen Meere und Flüsse so, wie sie nun einmal riechen. Unsere Generation liebt diesen Geruch, der unsere Vorfahren noch in die Blümeranz trieb. *Magic Evolution.*

Freilich war das Stehen größtenteils ein Problem der Armen. Die Reichen hatten Pferde, auf denen sie lagen, ja, lebten, und die statt ihrer Wasserablagerungen in den Beinen bekamen. Krampfadern.[9] Die Reichen bauten sich ganze Plattformen auf den Pferderücken, auf denen sie kleine Unterstände errichteten. Sie verließen nur selten den Pferde-

9 Zu jener Zeit gab es so viele Krampfadern, dass sie zu einem beliebten Bau- und Bastelmaterial geworden waren. Man zog diese bis zu 30cm langen Biester aus den Beinen des Patienten und flocht aus ihnen Körbe, oder wenn es die Festigkeit der Krampfader zuließ, dunkle, wasserabweisende Pullover. Krampfadern, das war der Polyester der Vorzeit.

rücken. Meist nur, um auf den Rücken eines anderen Pferdes zu gelangen, wo sie einen weiteren Reichen zeugten. Anschließend kehrten sie wieder zurück.

Richtig, das alles war gröbste Tierquälerei. Die Pferde der Reichen machten es selten lange. Das Fell war schnell abgewetzt. Rosa Pferdehaut schimmerte im Rückenbereich. Dazu die enormen Wasserablagerungen in den Beinen, die die Diener immer wieder abzulassen hatten.[10] Verunreinigungen des übrigen Fells durch Speisereste, Adligenabrieb und weiche Fäkalienrückstände.

Ein Pferd war damals schon unerschwinglich. Gerade für einen armen Menschen. Man probierte es mit kleineren Tieren. Kinder lebten bis zu ihrem zwölften Lebensjahr auf Schafen. So lange, bis diese unter ihrem Gewicht einfach zusammenklappten. Man versuchte, große Hunde zu züchten. Hunde waren billig, streunten sie doch schon zu jener Zeit überall herum. Möglichst groß sollten sie sein, sodass auf ihnen ein ausgewachsener Mensch Platz fand. Doch das größte, was man zu schaffen fähig war, war der Schäferhund. Eine Kreuzung aus Schaf und Hund, der damals auch noch Schafhund hieß und mehr Schaf als Hund war, bis man ihm das weibische Fell schor und färbte. Ein Pferd wurde jedoch nie aus ihm.

Schließlich entdeckte man, dass ganz München von Wald umgeben war. Bäume, die man anfangs auch für Tiere gehalten hatte. Rauschten doch die Blätter, dass es klang wie das Äsen eines Breznbocks. Man fand heraus, dass Bäume Tiere waren, die nicht starben, schlug man mit den Schwertern auf sie ein. Man wusste nicht, wo vorne und wo hinten war. Und sie liefen nicht davon, schmiegte man sich an sie. Außerdem waren sie umsonst, der ganze Wald stand voll mit ihnen. Jeder Arme ging also in den Wald und stahl sich eins der großen Tiere, gegen die Pferde wie Mäuse wirkten. Sie schlugen

10 Eine Zeitlang wurde der Sage nach Schnaps daraus gewonnen, der sog. Pferdebeinschnaps.

Löcher in die Dächer ihrer Hütten, damit sie Platz für den Baum hatten. Anfangs wusste man gar nicht, wozu er gut sein sollte. Stand er doch nur rum und bekam mit der Zeit etwas Trauriges, wenn die Blätter welkten und abfielen.

Buiolopo Juzt, der eigentlich **Bolubo Jaßt** hieß, war es schließlich, der glaubte, Gott hätte die Bäume bestraft, indem er sie in einem rechten Winkel zu ihrer natürlichen Richtung hatte wachsen lassen – so als würde man Tiere dazu nötigen, aufrecht zu gehen. Die Bäume hatten etwas angestellt, da war sich die Bevölkerung sicher. Trotzdem wollte man sie erlösen, quer mussten sie wieder werden, quer. Da die Hütten der Armen viel zu schmal waren, als dass man einen Baum darin hätte quer aufbewahren können, bauten diese die Bäume auf der Straße auf. Und so wurde eine Zeitlang der Baum zum Pferd der Armen. Man konnte sich auf dessen Rücken setzen und ausruhen. Nun saß man mit mehreren auf Baumstämmen, und alles war ganz wunderbar – wenn die Bäume nur nicht immer draußen gewesen wären, und dass man auf ihnen nie allein war.

Man suchte nach kleineren Bäumen, die quer in die Hütten gepasst hätten, doch die kleineren Bäume hielten kaum einen Menschen aus, waren sie doch meist nicht dicker als ein Tau.

Schließlich entdeckte man, dass wenn man 1 Woche lang mit 1 Schwert auf 1 Baum einschlug, man 2 kleine Bäume bekam. Und so schlug man immer wieder auf Bäume ein, bis man, beispielsweise, sechs kleine hatte, die in die Hütte passten. Diese Stümpfe waren die Vorläufer des Stuhls und des Tischs.

In München machte schließlich die erste Stuhl- und Tischmanufaktur der Welt auf, die die

Baumstammstümpfe verzierte und im Laufe der Jahre immer mehr überschüssiges Holz wegschnitt, um daraus nützliche Kunstgegenstände zu formen. Wie viel Holz brauchte man wirklich für einen Stuhl, damit er hält, war die große Frage damals, und man experimentierte so lange, bis man die heutige Stuhlform erhielt.

Noch heute stammt jeder Stuhl und jeder Tisch, ganz gleich, wo auf der Welt er steht, aus dem unscheinbaren Silo an der Prälat-Zistl-Straße. Und wer einmal darüber nachdenkt, wie viel Stühle und Tische es auf der Welt gibt, der weiß, was dieser kleine Familienbetrieb hier Menschenunmögliches leistet. Danke.

 Folgen Sie nun der Prälat-Zistl-Straße in Richtung **Viktualienmarkt**. Diesen gucken Sie sich an, überqueren ihn, biegen links in den **Marienplatz** ein und rechts in die **Burgstraße**. Dort gehen Sie bis zum Haus mit der Nummer 10, wo Sie das ehemalige Falkenhaus finden.

2.4. WIE DER ENGLÄNDER NACH MÜNCHEN KAM

An diversen Orten in München zu finden, u. a. im Durchgang in der Burgstraße 10

Der Engländer wird von München wie von keiner anderen deutschen Stadt magisch angezogen. Ohne dass er genau sagen könnte, woran das eigentlich liegt. Ob es das Bier ist, die kurzen Hosen oder der Alkohol. Der Engländer dominiert das Stadtbild der bayerischen Landeshauptstadt, weshalb beispielsweise viele Japaner den Engländer als zu München dazugehörig empfinden und ebenso fotografieren wie andere Sehenswürdigkeiten der Stadt. Tatsächlich begegnet man ihm immer wieder, ganz gleich, wo in München man sich gerade aufhält. Stets tritt er in größeren Männergruppen auf, hysterisch gutgelaunt – mit Betonung auf laut –, und so oft man Engländer in München antrifft, so selten sieht man dort eine Engländerin. Und wenn, ist sie nicht sofort als solche zu identifizieren.

Der Engländer ist meist schon von weitem zu hören. Dieser Umstand ist seinem Übermaß an guter Laune geschuldet, von der er oft nicht weiß, wohin damit – gerade tagsüber. Gerne sitzt er deshalb draußen vor Gaststätten und schimpft mit dem Wind, schlägt Gruppenmitgliedern unvermittelt auf

Rücken und Kopf, sucht den Kontakt zu Frauen, die er lauthals und aus mehreren Metern Entfernung anspricht, nur um anschließend, ohne auch nur eine Reaktion abzuwarten, davonzulaufen. Es ist seine Unsicherheit, die er mit Lautstärke zu überspielen versucht. Das laute Lachen, das diese Gruppe schon von weitem ankündigt. Schlachtrufe, mit denen er versucht, seine melancholischen Gedanken zu vertreiben. Oi, oi, oi.

Seit den frühen sechziger Jahren besucht der Engländer München, obwohl doch gerade diese Stadt so weit von seiner Heimat entfernt liegt wie keine andere in Deutschland. Warum? Das ist ein Geheimnis, das ich nun lüften werde.

Es geht auf Theodore McAllister zurück, selbst ein Engländer, der in den sechziger Jahren nach München kam, sich hier verliebte und blieb. Einsam fühlte er sich. Lernte er doch nie Deutsch oder Bayrisch, und wann immer er doch zu sprechen versuchte, erfüllte anschließend stets peinliche Stille den Raum. Man nickte, sah betreten zu Boden oder tätschelte ihm wie einem Kätzchen das Gesicht.

Tourismus, so wie wir ihn heute kennen, existierte damals noch nicht. Man besuchte andere Länder fast ausschließlich, um sie zu erobern, sodass zu jener Zeit kaum ein Engländer nach Deutschland kam.

McAllister hatte eine Ausbildung als Elektriker in Brighton absolviert, fand jedoch hier in München keine Anstellung, da der Strom in England ein ganz anderer war. Bestand Strom in Deutschland aus bunten Schnüren, so war er in England eher warm und flüssig und lief in sogenannten *Pipes* durchs Land. McAllister hatte dadurch mehr Zeit, als ihm lieb war. Seine Frau war oft unterwegs, schnitt auf Dörfern der Umgebung für gutes Geld Haar und kam meist erst spätabends wieder. Zeit, die McAllister nutzte, um darüber nachzugrübeln, wie es ihm gelingen könnte, Engländer in die Stadt zu locken. Er experimentierte mit allerlei. Anfangs schrieb er Postkarten. Schrieb «*oi, oi, oi*» darauf, erhielt jedoch keine Antwort. Was kaum verwundert, gilt doch bis heute ein männlicher Postkartenschreiber unter Engländern als *very gay*, was so viel bedeutet wie *blöd*. Er rief Freunde an. Später auch Fremde und versuchte sie zu überreden, nach München zu ziehen – auch das mit wenig Erfolg. Der Engländer ließ sich nicht überreden, sondern musste bei allem das Gefühl haben, selbst auf die Idee gekommen zu sein.

Schließlich, nach Jahren der betreuten Isolation, entwickelte McAllister jene grauen Kästen, wie wir sie noch immer überall in München finden, etwa in dem Durchgang bei der Burgstraße 10.

Diese McAllister-Kästen senden eine sehr hohe Frequenz aus, die man zwar wahrnimmt, aber nicht hört. Augenblicklich wird ein Gefühl bierseliger Stadionatmosphäre ausgelöst. Man beginnt, die Nähe grobschlächtiger Männer zu suchen, diesen auf den Rücken zu hauen, schlachtzurufen, zu saufen. Wir Deutsche spüren kaum etwas davon, aber der Engländer, diese Elfe der Emotionen, fühlt es bis auf seine Insel, und kaum war der erste Kasten installiert, kamen auch schon die Engländer und eroberten biertrinkend die Stadt. Weitere folgten, und der Strom riss bis heute nicht wieder ab.

Nur einmal, als der Strom ausfiel, sah man die Engländer traurig und mit hängenden Schultern durch die Stadt ziehen. Ziellos, allein, sahen sie sich scheu um und schienen nicht zu wissen, was sie eigentlich hier taten. Gleich einem Reh, das man mit seinem Pullover abgerubbelt hatte, damit es nach einem roch und die Rehmutter es verstieß, kauerten sie in den Ecken der Stadt und wimmerten: «Help. I need somebody's help. Not just anybody's help.»[11]

---

[11] Um meinen Titel behalten zu können, möchte ich gleich sagen, dass ich mir das nicht ausgedacht habe, sondern die Beatles. Ebenfalls Engländer.

Erst als das Sirren wieder einsetzte, fanden sie zu ihrer alten, rotgesichtigen Fröhlichkeit zurück und begannen sofort wieder, grölend durch die Straßen zu ziehen und sich gegenseitig in die Geschlechtsteile zu schlagen. *Oi, oi, oi.*

 Jetzt ist es ein gutes Stück zu laufen. Aber dafür sieht man auch wunderschöne Dinge. Burgstraße weiter, bevor sie zum **Hofgraben** wird, links in die **Schrammerstraße, Maffeistraße**, schließlich links in die **Hartmannstraße**, der Sie folgen und so zur **Löwengrube** gelangen.

2.5. DIE MÜNCHENER MAUER

Löwengrube

Die Berliner Mauer kennt jeder. Selbst Amerikaner. Doch über die Münchener Mauer wissen nur die wenigsten etwas, obwohl sie ähnlich geschichtsträchtig ist und die Berliner Mauer sogar noch um einige Kilometer übertraf.

Früher hieß diese Stadt noch Mün und war um ein Vielfaches größer als das heutige München. In etwa entsprach es der Fläche Belgiens und fand sich neben dem Ort, an dem es heute steht, auch auf den Plätzen drum herum. Das München von damals war ein Traum aus Elfenbein und Gold, von dem heute kaum noch etwas geblieben ist. An manchen Stellen lässt es sich noch erahnen, an anderen hat man versucht, aus PVC und Alufolie dieses alte Mün nachzuempfinden. Es herrschte Einigkeit und Frieden, und deshalb erscheint es uns Historikern umso seltsamer, wie so etwas abgrundtief Böses wie eine Mauer ausgerechnet hier entstehen konnte. Bis heute gibt diese Mauer der Menschheit ein Rätsel auf, denn es ist nicht ganz klar, wer sie überhaupt erbaute (*siehe hierzu auch Bingo Mingo*). Eines Morgens stand sie einfach da. Eine dunk-

le, geflieste Mauer von 61 Kilometern, die scheinbar wahllos einmal durch Mün verlief, ohne dass sie jemanden einsperrte, noch einen anderen aus. Sie teilte die Stadt einfach nur ein wenig und stahl den Menschen kostbare Zeit, denn wer auf die andere Seite gelangen wollte, musste einmal um sie herumgehen – im schlimmsten Falle waren das 30,5 Kilometer. An der *Löwengrube* fand sich das eine Ende, und oft pilgerten die Müner in langen Menschenschlangen hier entlang, häufig schon in den frühen Morgenstunden, wollten sie pünktlich zur Arbeit erscheinen.

Natürlich dachte man daran, die Mauer einfach einzureißen. Doch bei einer Abstimmung sprach sich ein Großteil dagegen aus, denn schließlich wusste man nicht, wer sie errichtet hatte, und was war, wenn Gott höchstpersönlich es gewesen war, der hier, um die Müner zu prüfen, eine Mauer errichtet hatte – die *Gottesmauer*, wie manche sie nannten. Schon bald darauf geriet man in Streit darüber, welche Hälfte der Stadt es war, die er vor der anderen beschützen wollte. Jede Partei beanspruchte für sich das Recht, Gott hätte ihretwillen die Mauer erbaut. Und es kam, wie es kommen musste: Krieg.

Ein Krieg, der erst nach vielen, langen Jahren mit einem Remis endete, und als *Müner Remiskrieg* in die Geschichte Deutschlands einging («1607 – in Mün, da steht's nun unentschieden»).

Ein großer Teil Müns wurde dabei leider zerstört, und das, was übrig blieb, nannte man einfach *München* – eine Verniedlichung von Mün. Die Mauer riss man schließlich ein und ließ nur noch diesen Teil an der Löwengrube stehen, als Mahnung an nachfolgende Generationen, dass man nie wieder miteinander streiten dürfe. Mauern sollte es in München nur noch geben, wenn sie absolut notwendig waren. Eine Zeitlang baute man sogar offene Häuser, um das Errichten von Mauern größtenteils zu vermeiden.

Heute kommen oft Touristen an diesen traurigen Ort und machen Fotos von sich, wie sie diese Mauer berühren. Sie sehen die vier weißen Flecken: Es ist Brauch, dass man sich die Knie und Ellbogen mit Straßendreck beschmiert, um dann gleichzeitig mit Knien und Ellenbogen die Wand zu berühren. Allein ist das nicht zu schaffen. Sie müssen einen Passanten bitten, Sie hochzuhalten, damit dieses Kunststück gelingt. Sie setzen sich in dessen Handflächen, und dieser hebt sie ein Stück an. Nur keine Scheu.

 Gehen Sie die Löwengrube weiter. Rechts in die **Karmeliterstraße**, dann links in die **Pacellistraße**. Über den **Maximiliansplatz,** und dann sehen Sie schon die **Ottostraße** und den schönen, schönen, grünen Platz.

2.6. DICHTER IM SCHATTEN
VON DICHTERN, TEIL I

Grünfläche Ottostraße

Peter Josef Moeckenbeck wurde 1754 geboren. Also exakt fünf Jahre nach Johann Wolfgang von Goethe und fünf vor Friedrich Schiller. Wie diese war auch Moeckenbeck Dichter und zu jener Zeit mindestens ebenso bekannt wie sie. Es gab sogar gebildete Menschen, die Moeckenbeck für wesentlich bedeutender und progressiver hielten, befasste Moeckenbeck sich doch in seinen Texten mit der Lautmalerei, zu einer Zeit, in der noch niemand wusste, was das überhaupt war, und schuf so Dramen für Tiere und verfasste darüber hinaus Gedichte, die nur aus Gesten bestanden. Moeckenbeck gilt deshalb vielen als erster Dichter für Taubstumme.

Er hat ähnliche Erfolge zu verzeichnen wie die beiden anderen Schriftsteller und erreichte bereits als 20-Jähriger große Popularität mit seinem Werk *Pfläumiger Wächter*, das Züge des später von *J. D. Salinger* verfassten *Der Fänger im Roggen* trägt. Es folgten Jahrhundertwerke wie *Hilfe, Gendarmerie, Gendarmerie, Fru I bis III*, und *Ferien in Puppenbutz*.

Diese drei Dichter galten zu jener Zeit als die Troika des guten Geschmacks, und kaum einer nannte den Namen des einen, ohne die beiden anderen zu erwähnen: Goethe, Schiller, Moeckenbeck, das war wie Brangelina: *Goellerbeck*; und man hätte das, was die gemeine, gemeine Zukunft Moeckenbeck antun würde, damals sicher nicht für möglich gehalten.

Es war König Mubasani II, ein großer Fan Schillers und auch Goethes, der Moeckenbeck anfangs zensieren ließ, indem er ihm erst sämtliche Vokale verbot, schließlich alle Zischlaute, bis er schließlich das ganze Werk indizierte, Moeckenbeck die Hände abschnitt und den Mund vernähte. «Kein Sprocherl sollst nun kümme ausserm», so sein legendärer Ausspruch bei einer Rede auf dem *Max-Joseph-Platz*, in deren Anschluss er sich mit Moeckenbecks

Händen erst die Augen zuhielt und diese schließlich dort vergrub.

Waren die Proteste anfangs auch laut – einige Tage sah es sogar so aus, als schlage der Unmut in eine Revolution um –, so schnell verpufft waren sie dann doch wieder, und das Leben ging seinen Gang. Moeckenbeck geriet in Vergessenheit und blieb es, wie wir nur zu gut wissen, bis zum heutigen Tag.

Heute gibt es in jeder Stadt Deutschlands mindestens eine Straße, die nach Schiller, und eine, die nach Goethe benannt ist. Doch eine Moeckenbeckstraße findet sich, traurigerweise, nirgends. Eine Ungerechtigkeit, derer sich die Gruppe Moeckenbeck annahm, die sich in den späten sechziger Jahren dafür einsetzte, dass man ihm zumindest ein Denkmal erbaute. Man sammelte Geld, um etwas aus Speckstein, dem Lieblingsstein Moeckenbecks, anfertigen zu lassen. Und tatsächlich hatte die Stadt ein Einsehen. Sie willigte ein, dass man eine fast vierzig Zentimeter hohe Skulptur errichtete. «Moeckenbeck stilisiert als winziger Koloss, ohne Hände, sprachlos», wie es der Vorsitzende Hermo Zumberl in seiner Rede zur Denkmalenthüllung ausdrückte. Außerdem hatte man aus Bronze Wörter gießen lassen, die man auf diesem Platz vergrub. Es waren Schlüsselwörter aus Moeckenbecks Werk wie «Blutsrinde», «Mädchenschaber» oder aber das allgegenwärtige «Warentrenner».

Doch das Leben schreibt manchmal die grausamsten Geschichten. Vielleicht wirkt es seltsam, aber scheinbar lag auf Moeckenbeck ein Fluch. Schon kurz nach der Einweihung des Platzes – der eine Zeitlang im Volksmund sogar *Moeckenbeckplatz* genannt wurde – starben alle vier Mitglieder der Gruppe unter mysteriösen Umständen!!!! Die bronzenen Worte Moeckenbecks stahl man eines Nachts, und bald schon vergaßen die Menschen die Be-

deutung des Platzes und was es mit dem kleinen, unansehnlichen Speckstein auf sich hatte.

Als wäre es eine Ironie des Schicksals, ließ man 1962 hier gar eine Statue Goethes errichten, die man vor die von Moeckenbeck stellte, sodass diese nicht mehr zu sehen war. Seit einigen Jahren fehlt sie nun ganz, ohne dass man mir seitens der Skulpturenbehörde über deren Verbleib Auskunft geben konnte. Oder wollte? Ich hoffe, sie ist an einem Ort, an dem es ihr gutgeht und wo Moeckenbecks Andenken in Ehren gehalten wird.

Gemeinsam mit Ihnen möchte ich nun 2012 zum Moeckenbeckjahr werden lassen. Bitte helfen Sie mir. Richten Sie in Ihrer Stadt ein Moeckenbeckfest aus. Ist Ihnen das erst einmal zu groß, es reicht auch ein Moeckenbeckstraßenfest. Oder eine kleine Party in Ihrem Haus zum Gedenken an diesen formidablen Schriftsteller, der es nicht verdient hat, dass niemand an ihn denkt. Verkleiden Sie sich wie er. Lassen Sie sich die Haare so schneiden wie er. Die wunderschönen Schläfenlocken bekommen Sie problemlos mit Gänseschmalz und Glutscheren hin.

 Folgen Sie der Ottostraße, bis diese auf die **Barer Straße** trifft.

2.7. DER ROTE AURURE UND DAS GELBE HAUS

Barer Straße

Sehen Sie sich dieses gelbe Gebäude in Ruhe an.
Bitte, konzentrieren Sie sich.
Vermutlich wird es Ihnen bekannt vorkommen.
Nein?
Gut. Dann gehen Sie eben weiter.

 Gehen Sie bis zum **Lenbachplatz**. Atmen Sie tief durch. Heben Sie ruhig die Arme dabei. Dann kehren Sie zurück.

Und nun?
Ja, jetzt, ne.
Richtig. In dem gelben Haus an der *Barerstraße* wurde Der rote Aurure gedreht. *Der rote Aurure* ist einer der bekanntesten Kunstfilme der siebziger Jahre mit dem damals äußerst populären Volksschauspieler Gustav Blütensech, ein wegen seiner aufdringlichen Nähe gleichermaßen gefürchteter wie respektierter Mann. Blütensech konnte in Talkshows einfach aufstehen, wusste er nicht weiter, und sich an seinem Gegenüber reiben. Meist brachte er diesen dadurch derart aus dem Konzept, dass nicht selten Blütensech als Gewinner aus dem Disput hervorging. Überhaupt, kaum wer stritt noch mit ihm, und eine Münchner Tageszeitung nannte Blütensech mal «einen pummligen Kinski bzw. cholerischen Strack».

Der rote Aurure gilt heute aufgrund seiner Plotarmut und «dem Einsetzens der Farbe Rot als Hauptdarsteller», wie die Filmzeitschrift *Filmonade* schreibt, kongenial. Selten wurde danach wieder etwas ähnlich Kompromissloses geschaffen wie dieses Meisterwerk, das trotz seiner Kürze von 4:43 Minuten noch heute allen Filmschaffenden als Blau- bzw. Rotpause, dieser Spaß sci erlaubt, gilt.

Der rote Aurure «erzählt» die Geschichte des *Hans W.*, verkörpert vom eingangs erwähnten Blütensech. Hans W. ist ein arbeitsloser Stahlarbeiter, dessen Tag daraus besteht, rauchend am Fenster[12] zu stehen und hinauszusehen. Seine Frau hat ihn verlassen, seine Ideale hat er verloren. Wir sehen ihn dahinvegetieren.

Das alles wird dem Zuschauer gleich in der Anfangssequenz klar. Wir sehen Hans W. – dessen Nachname übri-

12 Kurz nach der Uraufführung des Films ließ man das Fenster zumauern, da immer mehr Anhänger hierherpilgerten, um eben selbst rauchend an diesem Fenster zu stehen, wo Hans W. im Film gestanden hatte. Die Mieter der angrenzenden Häuser beschwerten sich über den Pulk aus *Langhaarigen und Kurzverständigen*, wie sie sagten, und so ließ man es – unter großen Protesten, den sog. *Aururenaufmärschen* – zumauern.

«Das Zumauern des Fensters des Hans W. im Realen scheint, als wären wir, die Zuschauer, es, die dem Hans W. seine Zukunft und damit auch seinen Weg ins Paradies verbauen», schrieb mein Vater *Gunter Amtsberg* in seinem Buch *Gute Filme, schlechte Filme* über *Der rote Aurure*. Und er hat recht. Wie immer.

gens nie aufgelöst wird, was Stoff für reichlich Spekulationen bot; mal hieß es, W. stünde für *Werauchimmer* oder auch *Werther*, dann wieder, das W wäre ein auf den Kopf gestelltes M für *Mensch*, ein Mensch, dessen Leben auf den Kopf gestellt wurde, was mir am plausibelsten erscheint – in seiner Küche auf dem Boden erwachen. Auf seinem Hemd sowie auf dem Boden findet sich ein großer, roter Fleck. Die einzige Farbe in dem ansonsten konsequent in Schwarzweiß gedrehten Film.

«Oh, weh», ist das Erste, was wir hören. Hans W. reibt sich die Stirn, ruft dann, als sein Blick auf den roten Fleck auf dem Boden sowie auf seinem Hemd fällt, aus: «Ich vegetiere. Vegetiere dahin.»

Dieses «Oh, weh» kann als Anrufung an sich selbst gedeutet werden, eben als «Oh, W.», im Sinne von: Was ist nur wieder mit dir geschehen, W. W. berührt den Fleck. Riecht daran. Springt dann auf, hebt die Hände gen Himmel und schreit: «Gott. Gott, ein Fleck. Rot. Rot.»

Eine Gleichsetzung von Gott und Fleck, verstanden als Makel, in Verbindung mit Rot als Signalfarbe. (Ein starkes Motiv!)

Der rote Fleck ist eine Wunde, die ein uns nicht bekanntes Etwas in W.s Leben gerissen hat. Als wäre das Leben ein Mensch und der Küchenfußboden des Hans W. die Oberfläche, auf die jemand geschossen hat und aus der nun Blut austritt. Blut, das natürlich nicht Blut ist, sondern etwas ganz, ganz anderes. Etwas, das aus dem System Leben fließt und es dadurch als durch und durch menschlich entlarvt – wie wir im weiteren Verlauf des Films noch feststellen werden.

Eine ganze Minute steht Hans W. nur da und betrachtet den Fleck. Also fast ein Viertel des Films! Gedreht ohne Schnitt, noch ist der Ton nachbearbeitet worden. Ein Rauschen, in dem man Stimmen, aber auch Fiepen ausmachen kann, das Sirren von Strom – als wäre das Leben des Hans W. eine Maschine, etwas Künstliches, das am Leben gehalten wird und das ebenso gut einfach abgeschaltet werden kann.

«I am a Fleck», sagt der Fleck. «Not any Fleck, sondern a red Fleck.»

Diese auf einmal größtenteils auf Englisch gesprochenen Worte lassen viel Interpretationsspielraum, aber es scheint, dass hier vom Regisseur Anton Pubanz Kritik am Einfallen der Amerikaner in Deutschland nach dem Zweiten Weltkrieg geäußert wird. Das Amerikanisch, das die Generation unserer Großeltern noch immer als etwas Furchtbares wahrnimmt. Wer kennt nicht den Anblick schreiender Senioren, die zusammenschrecken, spricht irgendwer in ihrer Gegenwart Englisch.

«Du hast mich berührt», haucht W. daraufhin, als wäre es eine Antwort. Hier packt er sein Hemd und zerrt daran, als sei nicht er es, der zieht, sondern als würde er gezogen. Zum Fenster, wo er dann steht und raucht. Oft wurde auch der Rauch gedeutet. Manche meinen die Umrisse der DDR darin zu erkennen.

Ich möchte das Ende des Films an dieser Stelle nicht verraten, nur so viel: Es ist phänomenal. Sie sollten sich diesen Film unbedingt einmal ansehen. Ich empfehle Ihnen die üppige DVD-Box, die in der Deluxe-Edition mit 3 DVDs daherkommt, die mit reichlich Bonusmaterial gespickt sind. Darauf finden sich auch noch die weniger erfolgreichen Nachfolgewerke *Der blaue Aurure*, *Der gelbe Aurure* und *Veronika*. Es lohnt sich. Ganz sicher.

3. UNTERWEGS

Ein Ort, der so aussieht, wie Sie sich fühlen

On The Road heißt der zweitgrößte Gammlerroman der Welt. *On The Road*, das war die Glorifizierung des ziellosen Umherreisens. Gerne auch in Verbindung mit Drogen oder Haschisch, sodass diese Reisen oft nur im Kopf stattfanden, während der Körper selbst schlaff und reglos auf dem Sofa verharrte und vorgab fernzusehen.

Anfangs, so das Gerücht, plante Jack Kerouac wohl tatsächlich, das Werk in Deutschland spielen zu lassen. Glich Deutschland doch gerade in den Sechzigern dem, wie man sich in Amerika einen Rausch vorstellte. Alles war bunt. Ständig war man nackt, und das helle Glimmen von Haut ließ sich schnell mit dem hellen Glimmen einer Drogenphantasie verwechseln. Einziger Unterschied – in der Drogenphantasie wuchs dieses Glimmen, je näher man ihm kam, und man konnte in dieses Glimmen hineingehen. Darin fand sich meist ein Raum, in dem ein Stühlchen stand. Es war ganz hell und warm darin. Oft waren dort auch sprechende Tiere, die Eintopf zubereiteten. Oder die Eltern warteten, um mit einem zu reden. Oder, schlimmer, es fand sich ein Abgrund, in den man stürzte. Dahingegen blieb das Glimmen der deutschen Sechziger gleich, ging man näher ran, aber man durfte es nicht berühren.

Warum ich das alles erzähle?

Oft ist das tatsächliche Ziel der Weg. Und man muss manchmal nicht weit reisen, um schöne, schöne Sachen zu entdecken. Deshalb, wenn Sie so lieb sind und die Stationen meines Reiseführers abfahren, möchte ich Sie recht inständig bitten, eins zu tun: Halten Sie an Orten inne, die aussehen, als hätte noch nie jemand an ihnen innegehalten. Respektieren Sie die Öde. Hören Sie auf, immer nur dahin zu fahren, wo alle anderen auch hinfahren. Entdecken Sie Ihre eigenen Sehenswürdigkeiten. Alte Kirchen, alte Flüsse, kaputte Häuser – dabei wird man doch nur depressiv. Steigen Sie einfach mal mittendrin aus. An Orten, die vielleicht so klein und hässlich sind, dass man ihnen noch nicht einmal einen anständigen Namen gegeben hat. Finden Sie Licht im Dickicht. Nicht metaphorisch, sondern ganz real. Machen Sie einen Schritt auf die Dunkelheit zu. Dunkelheit findet sich oft im Wald. Suchen Sie sich einen Wald und stellen Sie sich vor ihn. Und dann überlegen Sie, ob Sie wirklich so weitermachen wollen wie bisher.

Überlegen Sie mal: Sie sitzen in einem Auto und fahren die Stationen eines doch recht dubiosen Reiseführers ab. Ist das ein Verhalten, das Helmut Schmidt klug nennen würde? Und wie würde Hellmuth Karasek, dieser Vordenker der Nachdenker, darüber urteilen?

Vielleicht ist genau jetzt der Augenblick gekommen, um aus Ihrem alten Leben auszubrechen?

Sie können jetzt Ihr Leben ändern. Können das Buch auf den Schotter des Parkplatzes legen. Mit Speichel eine mystische Nachricht auf die Windschutzscheibe Ihres Wagens schreiben, und dann laufen Sie einfach los. So schnell, wie Sie nur können. In das Dickicht des Waldes, wo Sie die nächsten Jahre leben und auf das helle Glimmen, von dem ich eingangs sprach, warten werden.

Nehmen Sie sich ruhig Zeit für Ihre Entscheidung! Aber entscheiden Sie sich.

4. STUTTGART

Stuttgart besaß lange keinen Namen. Einfach weil es nicht nottat, wollten doch die Bürger die Schönheit der Stadt für sich behalten. Und über etwas, das keinen Namen trägt, kann man nicht sprechen. Worüber man nicht spricht, existiert nicht.

Jahrhunderte ging es so, bis schließlich immer mehr Menschen diesen Ort der Beschaulichkeit für sich entdeckten und besuchten. Mit dem Besuch fremder Menschen wurde auch der Wunsch nach einem Namen groß, denn diese Menschen wollten Ansichtskarten schreiben von dort, wo sie waren. Aber wie sollten sie das tun, wenn das, wo sie waren, keinen Namen besaß? Wie sollte man mit etwas völlig Namenlosem Neid erwecken?

Eben.

Der Name Stuttgart, den die Stadt seit jener Zeit nun trägt, entlehnt sich dem Werk des Stuttgarter Autoren Joscherl Scheuffele, lustigerweise einem Vorfahren Jerome Scheuffeles, um den es hier im Folgenden gehen soll. In Joscherl Scheuffeles einzigem Gedicht *Memomimo I*, aus dem unvollendeten Gedichttriptychon *Wiegunenfuge*, ist die Rede von einem Ort, über den Scheuffele lyrisiert:

Blumenduft ward hier
geboren, schön gehorcht
mit guten Ohren,
Häuser von schönem Kleide,
wie des Weib'sch guttges Händchen haschtt
geschneidert
für'sch
Maide,
da stehscht und stutt't gar', *was Gott nimmer*
mit de Hände hät,
dat hättsche hier mit de Mund
und vom Menschenkopfe,
g'schaffe.
G'schaffe.

«Da stehscht und stutt't gar'» bedeutet in etwa «Da stehst du und staunst». Und dieses *stutt't gar'* wurde schließlich zu dem Namen der Stadt, den diese bis heute trägt.

Joscherl Scheuffele wandte sich nach diesem Gedicht der Pferdeakrobatik und dem Jonglieren mit Kleinwüchsigen zu und brachte es auch auf diesem Gebiet zu einigem Erfolg – wenngleich nicht mit derselben Tragweite wie mit seinem Gedicht.

Aber es scheint, als hätte er damals seine Gene manipuliert, *lyrisiert* möchte man fast sagen, und an seinen späteren Nachfahren Jerome Scheuffele weitergegeben.

Der Dichter Jerome Scheuffele zählt zu den bekanntesten Stuttgartern. Noch vor den *Schwubblerbubanschen* und dem *Pipperbärli*, und seine Spuren ziehen sich durch die ganze Stadt. Eine Zeitlang benannte man fast alles nach ihm, und an jedem Haus befand sich eine Gedenktafel, auf der Scheuffele oder dem Scheuffi, wie ihn die Stuttgarter nennen, gedacht wurde. Es wurde erwähnt, was er an diesem Ort getan hat, etwa dass er hier ein *Speckerschlbrötsche* erwarb oder etwas Tabak für sein *Räucherröhri*, wie er es nannte. Es gab Zeiten, zu denen sich an fast jedem Haus eine Tafel befand,

auf der Scheuffele gedacht wurde, bis sich schließlich Misstrauen unter den Touristen breitmachte. Bald gab es kaum noch Orte, an denen der Scheuffele nicht gewesen sein sollte, und zu Recht erzürnten sich einige Touristen. *«Was glaube wir sind, Idioten?»*, schrieb *Bonganu Herlodo,* der Vorstand des Touristenverbands Afrika an die Verwaltung Stuttgarts, und nicht sehr viel später brach der Tourismus ganz ein – ein Boykott, zu dem Herlodo aufgerufen hatte.

Schließlich ließ man sämtliche Gedenktafeln abmontieren und verbot das Aufstellen ganz. Trotz allem brauchte es viele Jahre, bevor Stuttgart das Vertrauen der Touristen zurückgewann. Bis heute fehlen diese Schilder. Man wagt es einfach nicht, sie wieder anzubringen, was zur Folge hat, dass Jerome Scheuffele in Vergessenheit zu geraten droht. Und das ist traurig. Sehr traurig sogar.

Deshalb soll mit diesem Kapitel unseres intellektuellen Buches die Stadt Stuttgart dechiffriert werden und in die Biographie Scheuffeles übersetzt werden. Denn noch immer ist Scheuffele und sein Werk brandaktuell. So benannte man beispielsweise das beliebte Projekt *Stuttgart 21* nach einem Gedicht Scheuffeles mit dem Namen 21, eben weil es aus einundzwanzig Wörtern besteht:

Du schnauffend
Ross von metal-
lener Statur, du
guates, langes
Schlangerlsch,
bringst mie da und dorterl hin aniedersch,
wo ich alsch wullhin.

4.1. DIE GEBURT SCHEUFFELES

Katharinenstraße

In dem gelben Fachwerkhaus an der *Katharinenstraße* kam Scheuffele am 2. August 1952 zur Welt. Auch dort sieht man die Reste einer abmontierten Leuchttafel, die früher daran erinnerte, dass Scheuffele hier geboren wurde und seine ersten Lebensjahre verbrachte. Oft kann man zwei Tauben auf dem Sims über dem ersten Stock sitzen sehen; sie lebten bereits zu Scheuffeles Zeiten hier. Nicht umsonst nennt man Tauben auch die Schildkröten der Lüfte. Im Alter von siebzehn verfasste Scheuffele den Romanzyklus *Bipp und Bopperlsch* über sie, der später erfolgreich mit *Mücki* und *Mikesch*, den bekanntesten Bussarden der Welt, in den Hauptrollen verfilmt wurde.

Scheuffele kam per Zangengeburt, wie sie zu jener Zeit, nicht nur in Deutschland, äußerst populär war, zur Welt. Die Zangengeburt, so glaubte man, sorge für eine frühe Verdichtung des Geistes, was später zu ausgeprägter Zielstrebig- und Eingleisigkeit führen sollte – so zumindest die Hoffnung. Was, wie man heute weiß, grober Unfug ist. Allein Jerome Scheuffele ist das beste Beispiel dafür. Noch bis zum Ende seiner Schulzeit zeugten kräftige Einbuchtungen an Scheuffeles Kopf von diesem Ereignis, und manche Frau, mit der ich im Rahmen der Recherche für dieses Buch sprach, sagte aus, es hätte ihm etwas Verwegenes verliehen. Das Berühren dieser Einbuchtungen mit der Fingerspitze oder der Zunge wäre ein Erlebnis, an das sie noch heute mit einem warmen Schaudern und weichen Schenkeln zurückdenke. Mulden, in denen, lag Scheuffele, ein wenig Flüssigkeit Platz fand, genug für einen ganzen *Schnubberschnappi*, ein schwäbisches Wein-Eidotter-Gemisch, wie man es hier gerne trank, eine Art volkstümlicher *Alkopop*. Nicht selten musste Scheuffele auf Festivitäten seinen Kopf auf eine Tischplatte legen, und unter größtem Tohuwabohu wurden ihm Alkoholika in die deformierten Mulden gegossen, die dann von den Umstehenden ohne Hände ausgetrunken werden mussten. Eher geschlürft, wobei die Zunge immer wieder über Scheuffeles – damals noch kräftiges – Haar strich. Und je länger der Schnaps in der behaarten Mulde stand, umso mehr veränderte er seinen Geschmack. Was nicht immer nur positiv war.

Doch in jener Nacht im Jahre 1952 glaubte man noch fest an die Wunder der Zangengeburt. Gegen Abend hatte Frau Scheuffele halbnackt am Fenster gestanden und nach draußen gesehen. Seit Wochen stand sie nun dort, bekleidet mit nichts als einem kurzen Hemd für den Fall, dass der Bub kam und es schnell gehen musste.

«Mit einem Mal häppisch so a Reischen g'schpürt, obwohl drausche nischt sähe wor», schreibt sie in ihrer Biographie *Scheuffi – a fruchtl vomma Lendle*.

Die Scheuffeles waren sogenannte Schwippbuddhisten. Schwippbuddhisten glauben, dass jedes Ereignis durch das Auftauchen eines realen Tieres angekündigt wird. Wenigstens einem Reiter. Die Tauben Bipp und Bopperlsch beispielsweise waren kurz vor dem Einzug der Scheuffeles im Jahr 1950 aufgetaucht und nicht wieder verschwunden. Ein Zufall? Doch in jener Nacht ward kein Vogel gesehen, draußen, da war's nur *kuaranzanaachd.*

«Nepper häsch da Hand g'schehe, nupper de Bosch», sagte sie später. «Wie a beim Heiland.» Doch das war nicht der Fall. Stattdessen war da nur ein Reißen, das sie nach ihrem Mann rufen ließ. Dieser war noch nicht daheim. Oft ging er nach der Arbeit sich in einer der Spelunken Stuttgarts schönsaufen und kehrte jung und begehrenswert wieder. Als er in jener Nacht nach Hause kam, lag seine Frau bereits auf Decken ausgebreitet im Wohnzimmer, wo sie unter den neugierigen Blicken der Nachbarn vergeblich zu gebären versuchte. Ein sogenannter Wehentopf ward gekocht worden, der zu gleichen Teilen aus Fleisch und Wasser bestand, um eben das zu ersetzen, was die Gebärende verlor. Immer wieder wurden Fotos gemacht, und eine der Frauen versuchte in der Dunkelheit zwischen Frau Scheuffeles Beinen Leben auszumachen, doch nichts.

«Nun ba häppe der Doktor mit dem Zängerschel», wurde ausgerufen, und so wurde es gemacht. Doktor Popolucci zog den Buben aus der Dunkelheit des Schoßes in die 20-Watt-Helligkeit des Lebens, und keiner wagte in jener Nacht zu glauben, wen sie da zwischen den Schenkeln einer gewöhnlichen Frau hervorzogen. *Der Heiland der Buchstaben ward geboren*, hätte manch einer ausrufen sollen, doch stattdessen aß man etwas und trank stumm.

4.2. KINDHEIT UND JUGEND

Jakobstraße und Bietigheim-Bissingen

«Ein Junge so blass, dass seine Anwesenheit auffällt wie ein Licht in einem dunklen Raum», schrieb sein damaliger Klassenlehrer Jakob Howalodi in seiner Biographie *Scheuffi – halb pupperl, halb bubberl.* Und tatsächlich sagen viele, dass man sich unbewusst nach Scheuffele umdrehte, weil es fast schien, als leuchte dieser in einer Art Polarleuchten.

Es war die Zeit, in der jedermann nur ahnte, dass mit Scheuffele etwas anders war als mit anderen. Auch dieser schien es zu spüren, und hätte man andere Kinder vielleicht Außenseiter genannt, so schien es bei Scheuffele, als würden die anderen in seinem Beisein zu Außenseitern. Er war auf eine selbstbewusste Art seltsam, verschlossen im positiven Sinne. Er wurde nie gehänselt.

«Es schien fast, als würde er gerade wegen seiner Andersartigkeit respektiert werden. Kinder spüren ja so etwas», sagte eine damalige Lehrerin über ihn, die jedoch ungenannt bleiben möchte.

Scheuffele besuchte die Jakobschule in der gleichnamigen Straße. Nach dem Ende der Schulzeit begann Scheuffele auf Drängen seines Vaters eine Schlachterlehre, die kaum seinen

Talenten förderlich schien. Was auch immer er konnte, Präzision gehörte nicht dazu, und so war es vor allem Leid, was er in jener Zeit lernte, aber auch lehrte. «Schweinerlsch, tot hättsch sein müss, nur weils Scheuffi nischt troffe hat, quiekerlscht noch nummer, schad», ließ er einmal einen seiner Protagonisten über dessen Schlachterlehrlingstätigkeit sagen. Wir wissen heute, dass diese Stelle autobiographisch ist. Wie leider viel zu vieles in seinem Werk – und mit dieser Erkenntnis wird einem erst die Zerrissenheit Scheuffeles bewusst.

So besonders Jerome Scheuffele auch war, so schwer war es doch, einen geeigneten Platz für ihn zu finden – im Leben, metaphorisch und in der Realität. War es als Kind vielleicht noch nicht so aufgefallen, so wurde mit zunehmendem Alter immer deutlicher, dass etwas mit Scheuffele war. Stichwort hier: *Andersartigkeit.* Und nicht immer ließ sich zweifelsfrei sagen, was dieses «anders» meinte, noch, ob es gut oder schlecht war. Nicht selten, so traurig es auch ist, löste Scheuffele in seinen Mitmenschen Wut aus. Oft aufgrund der Unsicherheit, die diese in seiner Nähe empfanden. Es war nicht nur sein Aussehen, das sich mit jedem Jahr mehr und mehr den in seinem Werk beschriebenen Menschen anglich: Alle seine Figuren trugen stets purpurfarbene Kleidungsstücke mit Glöckchen oder Schellen, rasierten sich insektenähnliche Muster ins Haar, trugen Hüte mit Federn daran und *Alabasten*, klatschten und singsangten laut ihre Gedanken. Auch seine Sprache begann sich mehr und mehr seiner Literatur anzugleichen, bis man fast alles, was er sagte, so auch in einem Gedicht oder Prosawerk hätte finden können. Er sprach immer weniger, und wenn er es tat, so war es oft, als rezitiere er eine Zeile aus einem Gedicht. «Dasch Raberl, fliegen tuscht, a pitscherl, patscherl, himmerl, der frosch, quackerlscht», sagte er eines Tages zu seinem Kollegen in der Schwabenbedarfsmanufaktur, in der er eine Zeitlang nach Abbruch seiner Ausbildung jobbte, auf dessen Frage, ob er sich für Sport oder Busen interessieren würde.

Es ist verständlich, dass Scheuffele in einer Welt der Männerdominanz Unverständnis hervorrief. Ganz im Gegensatz zur Damenwelt, die sich von ihm künstlich angezogen fühlte.

Eine Weile arbeitete er in einer Wäscherei in Bietigheim-Bissingen, welche sich in diesem Haus befand, in dem heute ein Imbiss untergebracht ist. Noch immer befindet sich darunter ein riesiges Kellergeschoss[13], in dem er die meiste Zeit arbeitete, damit die Kunden ihn nicht sehen konnten. Dort saß er und sprach mit der Wäsche Fremder. Verkleidete sich teilweise damit, um so zum Spaß der Kollegen oben im Verkaufsraum aufzutauchen. «War schon a Wilder, der Scheuffi» sagt Bernd Schoschels, der eine Zeitlang dort mit Scheuffele arbeitete.

Sein Schriftstellerkollege Peter Schwebler drückt es so aus: «Es war, als verkörpere Scheuffele all das Paradiesvogelartige, das in jedem von uns schlummert. Eine bunte Farbenwelt, Quietschfidelität, Freude, und vielleicht ein kleiner Funken Homosexualität.» Gerade mit der letzten Aussage machte Schwebler sich keine Freunde und starb schließlich einsam und gehasst in Mainz.

4.3. DER WEG ZUM SCHREIBEN

Jakobstraße

Seinen ersten Stift kaufte Jerome Scheuffele in dem Schreibwarengeschäft, das sich lange ebenfalls in der Jakobstraße fand. Mit ihm schrieb er, der Überlieferung nach, Werke wie *Das Raberl* oder aber *Krabubschi*.

Es sei seltsam gewesen, sagte seine Mutter damals einer Tageszeitung: «Nascht is wese. Tiefschte Nascht. Habs Järri laufe höre könne, dann warsch au schon drausche. Bin i na, habsch guckt, stehts hier vorm Ladel und wartst. Was

---

13 Man vermutet, dass der Imbiss «Schnellimbiss M» nach einer Figur Scheuffeles benannt worden ist, nämlich nach dem Wurstmädchen Magdadella aus «Wurst oder Liebe». Ein schönes Mädchen geformt aus Wurst, das eines Tages zu Leben erwacht und durch den feinen Rauchgeruch die Liebe zu einem einfachen Jungen entfacht, der sich im Folgenden hin- und hergerissen fühlt zwischen Hunger und Liebe. Bis sich Magdadella schließlich für ihn opfert.

wartscht hab fragt, sagta: a stiftel. Wars fünf in der Früh.»

Es war die Nacht, in der die Muse Scheuffele fand. Er hatte geträumt. Eine kleine Geschichte, die er hatte aufschreiben wollen. Ein goldener Hirsch, der sich auf der Kuppel eines Daches am Unterbauch säubert, springt und zaubert und auch fliegen kann, so das grobe Grundgerüst. Dieser Figur widmete man später im Stadtbild Stuttgarts ein Denkmal. Der Titel der Geschichte war *Bizzy Bura*, irgendwer scheint sich daran erinnert zu haben und hat ihn hier an die Wand gesprüht.

4.4. SCHEUFFELE UND DIE LIEBE

Jakobstraße

In diesem Haus in der Jakobstraße fand sich früher das Erlebnis-Restaurant *Da Schlabbermasch*, in dem Jerome Scheuffele Stammgast war. Dort verfasste er einen Großteil seiner Gedichte und beglich damit oftmals auch seine Rechnung.[14] Er rechnete damals mit einer D-Mark pro Zeile, und je nachdem, wie viel Scheuffele gegessen und getrunken hatte, ergab sich die Länge dieser Gedichte. Mit dem Gedicht *Jobberschubbersch* etwa zahlte er Nierchen und die elf Schnäpse für insgesamt 19 Mark.

14   Bei Renovierungsarbeiten fanden sich unzählige solcher Zettel von Kneipenblöcken mit Gedichtetem, die demnächst im Rowohlt-Verlag erscheinen werden. Eine aufwendige Box von zehn in Leder eingebundenen, jeweils tausendseitigen Büchern, die in einem Schuber für zusammen 1499,49 Euro erhältlich sein werden.

Jobberschubbersch

Jo jo, da schubberscht schon
ih ah ih ah
Mädschenträume
schön siescht aus
Schnapserl rubberschlst mir
am Schnipperlsche, jo.

In diesem Restaurant war es auch, wo Scheuffele zu lieben lernte, wie er später sagte. Denn hier lernte er Måre Noggendør kennen, eine Austauschdänin, die in Deutschland Erfahrungen sammeln wollte. Ganz gleich, welcher Natur. Auch *Noggendør* spürte, dass sie im Grunde Schriftstellerin war. Auch wenn sie noch nie in ihrem Leben etwas geschrieben hatte. Doch das lag sicher nur daran, dass sie einfach noch nicht ihr Thema gefunden hatte. Heute gilt sie uns als zweitbeste Scheuffele-Biographin. Sie schrieb des Weiteren mehrere Musicals über Deutschland, die in Dänemark denselben Stellenwert besitzen wie bei uns *Cats* oder das *Phantom der Oper*. Bekanntestes Lied aus *Tyskland, Tyskland, smuk, smuk, smuk* ist: *Do Døsche tanske auffe Deele, mit dem Møddel op te køppe.*

Scheuffele beschrieb Noggendør später als ein auffällig bebustes Wesen mit mohnfarbenem Haar und einem lauten Lachen, einladend wie ein Tropfsteinhöhleneingang.

Boppe Schuffer, der damalige Besitzer und Augenzeuge, sagt über den Abend des Kennenlernens der beiden: «Nast spüre könne, dass der Schuffi, da wasch empfinde tut. Wieder scha dagesse hatte, dass die Licht uff seine G'schicht alls schön mach tuscht. Immer wieder natta rüber g'schehe, hat sich betrunke. Nicht wie sonst, als wuller ers nachdenke, sondern hast schge'sche, nahhatters trunke aus Liebe. Gansch schlescht ist ihm worde, ganz suarlübschi hast roche im ganze Lade. Hat mich am näschte Tag wer frage, was ist, was so riesche tut, habsch g'sagt, isch dem Scheuffi, san Lieb'. Habs lacht. Noch heute lachema drüber, wenn irgendwo lustisch rieche tut. Sag'n ma ist dem Scheuffi san Lieb, ist nischt so schlimm'sgen war, ist dem Scheuffi san Sympathie.»

Scheuffele sah alles andere als gut aus. Da war zum einen die Zangengeburt, die ihn zwar schneller als andere Freundschaften schließen ließ, ihm aber in Liebesdingen immer wieder ein Bein stellte. Zumindest wenn es darum ging, dass die «Weiberl», wie der Scheuffi sagte, «amal länger bleibens tun, als a Nächtle, wos sie anmer schubbern und bubberln tue».

Die Frauen kamen oft zu ihm auf der Suche nach Abenteuer, verließen ihn dann aber schon am nächsten Tag, resigniert und ungewaschen. Zu allem Übel litt Scheuffele auch noch unter Pupillenausfluss, eine Krankheit, bei der die Pupillen auslaufen und sich mit der Iris vermischen, bis alles nur noch aus einem einzigen Braunton besteht. Hinzu kam eine Drüsenverengung, sodass der Schweiß nicht aus ihm austrat, sondern sich in ihm sammelte, um sich in Stößen zu entladen, stieß er sich oder berührte man ihn – was gerade bei nackerten Zärtlichkeiten oft für unhygienischen Schrecken sorgte. Als wäre all das nicht genug, litt er auch noch unter «a Pipperschüberschlüpferli», wie er es nannte, was sich ja selbst erklärt. Man musste schon sehr viel Liebe empfinden, um den Wunsch in sich zu verspüren, den Scheuffele mal anfassen zu wollen. Gerade an den Stellen, wo die Dunkelheit wohnt und ihre Späße mit uns treibt. Doch *Noggendør* spürte genau diesen Wunsch in sich. Sie wusste auch nicht, warum. Vielleicht weil sie da schon fühlte, dass sie mit Scheuffele ihr Thema gefunden hatte.

In einem ihrer veröffentlichten Tagebücher heißt es: «braunes haar wuchert, die augen, sie starren, sie sehen, sie schauen, wie tümpel, in denen der blick versinkt wie ein elch, nachdem er auf der oberfläche trieb, steigt er auf, vergraben ist, wie ein sehender blinder, oder aber ein blinder sehender, fühlen musst du ihn. fühlen, wie er da sitzt, und eine hand unter der anderen verbirgt, immer wieder nachsieht, ob sie

noch da ist, als könne es tatsächlich sein, dass etwas verschwindet.»

Schon kurz darauf zogen sie zusammen in eine Wohnung, die in einem der Häuser am Marktplatz lag, genau gegenüber dem Rathaus.

Hier schrieb Scheuffele seine acht Rathausromane, die man heute als **Voypressionismus** bezeichnet, bestehen sie doch zu großen Teilen aus protokollarischen Fragmentstücken wie etwa: «Mann mit Mantel geht hinein um neun Uhr einunddreißig. Ich denke an den Mantel. Nachts, wie er nutzlos im Flur eines Einfamilienhauses in einem der Vororte Stuttgarts hängen tut. Nutzlos, in der Kälte, während die Familie fernsieht hinter Milchglas. Ich werde traurig. Mantel, Mantel, du machst mich traurig. Warum bist du Mantel und ich Mensch?»

Die Ehe mit Noggendør hielt leider nicht lang, gerade einmal elfeinhalb Monate. Eine Zeit, die uns kurz erscheint, aber zur damaligen Zeit völlig ausreichte, um zwei Söhne mit ihr zu zeugen. Was zu jener Zeit auch moralisch gesehen völlig in Ordnung war.

Ralf und Kai leben noch heute in Stuttgart und betreiben einen Imbiss, den sie im Andenken an ihren Vater *Scheuffi 1* genannt haben, in der Hoffnung, irgendwann mal eine ganze Imbisskette zu besitzen. Was bislang aber nicht der Fall ist.

«Jerome zog sich zurück. Nicht nur dass er wind und wetters auf dem Balkon saß und das Rathaus anstarrte, es war etwas anderes. Vermutlich hauste da schon der Wahnsinn in ihm, und zeigte sich bei Nacht, wenn Scheuffele in der Wohnung tanzte oder Lieder summte, die nur er begriff», schreibt Noggendør.

Später fand man Wörter, die er mit Speiseresten unter den Holzfußboden geschrieben hatte. Diesen musste er nachts lautlos herausgehebelt und anschließend wieder verlegt haben. «Vergänglichkeit» stand da geschrieben mit Banane, Eintopfresten und Spätzle. Der Geruch war kaum auszuhalten, und die Nachmieter rätselten lange, woher er käme, hielten sich selbst schon für unsauber.

«Daschde die Wörter spüren tust, ihre Wirkung wollt ich probiere. Wensch Wörter real werde, nicht umgekehrt versteschst», sagte er einmal in der Talkshow *Stuttgarts Nübernächtle*.

Tatsächlich glichen am Ende viele seiner Werke der Beschreibung eines rauschartigen Zustandes. Wörter, die einfach in der Mitte abbrachen, die ständigen Wiederholungen, lange Pausen, Unzusammenhängendes – das waren am Ende typische Kennzeichen für seinen Stil, den noch heute viele bekannte Autoren zu kopieren versuchen. Bekanntestes Werk dieser Epoche ist das *Epipapagenie*, dessen Tragweite vermutlich bis zum heutigen Tage niemand begriffen hat.

4.5. SCHEUFFELES WERK UND DURCHBRUCH

U. a.: Nachtwächterdenkmal, Leonhardsplatz und Eichstraße

Lange lobte man Jerome Scheuffeles Werk für dessen neuartige Surrealität, die man bis dahin nur aus der Malerei kannte, wo die verrückten Maler sich derart zusoffen, bis sie bunte Quadrate und Sonnenblumen sahen. In der Literatur dagegen war so etwas neu, galt da doch noch immer die Maxime: «So wahr wie möglich, so unwahr wie nötig.» Literatur, das war ja im Grunde der Vorläufer der Fotografie. Es sollte eingefangen werden, was man gesehen hatte, und Postkarten aus jener Zeit beschrieben auf der Vorderseite schöne Dinge aus der jeweiligen Stadt – wobei natürlich immer etwas geflunkert wurde.

Es gibt Bücher aus jener Zeit, wie etwa das bekannte **Flaniererei durch Stuttgart** von **Max Petersen**, in dem dieser auf fast vierhundert Seiten nur beschreibt, wie er durch Stuttgart spaziert und fast die komplette Stadt abläuft. Handlung: null. Figuren: null. Sprache: 1a.

Man vermutete anfangs – und nicht zuletzt begründet das auch seinen Ruhm –, Scheuffele wage etwas völlig Neuartiges mit Zeilen wie: «Dasch Licht, nun schwindets, fort und fort, weils Scheuffi kommt.» Oder: «Bärenfell, Bärenfell, alles voller Bärenfell.» Wie man heute weiß, ist das aber nicht ausgedacht, sondern entsprach der Wahrheit. Eben Scheuffeles Wahrheit. Denn zu jener Zeit schon hatte das Räucherröhri seinem Verstand derart zugesetzt, dass seine Eindrücke oft wie aus Knete gemacht waren – bereits beim Hineinzwängen durch die winzigen Pupillen in Scheuffeles Kopf deformierten die Eindrücke der Wirklichkeit, veränderten sich und wurden so schließlich zu etwas ganz anderem. Etwas, das es nicht gab, sondern das erst in Scheuffeles Kopf entstand.

Scheuffele hat sich oft anfeinden lassen müssen, wenn er voller Inbrunst behauptete, er wäre Realist. Durch und durch. Und seine Literatur sei an Realismus vergleichbar mit der eines **Günther Hutz** oder aber eines **Alfred Löble**. Hutz und Löble waren zwei damals gerade bei jungen Leuten äußerst populäre Schriftsteller, die größtenteils Stillleben beschrieben. Löbles bekanntestes Werk ist das zweihundertseitige *Obst in Schale*. Hütz' dagegen *Musikinstrumente plus Rauchwerkzeug*.

Tatsächlich weiß man heute, dass es der Wahnsinn war, der Scheuffeles Leben und Werk veränderte, sodass dieses wie ausgedacht wirkte, sein Realismus wie Irrealismus.

Seine zweite Frau *Agnes Scheuffele* bringt Licht ins Dunkel. «Nachts konnte Jerry wach werden und glauben, dass tatsächlich auf den Böden in der Wohnung und an den Wänden Fell wachse. Immer wieder ging es darum, dass er Fell wachsen sehe. Später auch hörte. Auch dass mir Fell wüchse, glaubte er oft, und nicht nur einmal bin ich nachts davon wach geworden, dass er mich rasierte. Irgendwann rasierte er alles. Die ganze Wohnung, aber auch Brötchen, Wurst, Marmelade.» (Aus: *Ma Lebe mittem Scheuffi. Scheuffele, Agnes.*)

Es ist der *Fellzyklus*, an dem er zu dieser Zeit, arbeitet. Und dachte man lange Zeit, das Motiv des Fells stünde für den Kapitalismus und das Spießertum Schwabens – so müssen wir heute ernüchternd konstatieren, dass das Fell einfach nur für Fell steht. Ähnlich ist es mit dem Kratzen, das ständig irgendwo in Scheuffeles Werk zu finden ist, den Mahagonibäumen und dem *Abberaad*.

Es war Ulrich Meckerle, der zum ersten Mal eine Art Konzept hinter dem Schaffen Scheuffeles entdeckte und sogar dessen prophetischen Charakter offenbarte. Meckerle war ein angesehener Literaturwissenschaftler, der später oft sagte, er habe es immer bereut, dass er selbst nie zu Kunst getaugt hätte. Vermutlich lag es an seinen Eltern, zwei Koryphäen auf dem Gebiet der Viehzucht, in deren Haushalt es nie Bücher, Bilder oder aber auch nur ein Radiogerät gegeben hatte. Er habe sich davon befreien wollen. Hätte es aber, wie er erkannt habe, kaum geschafft. Er spüre, dass er im Herzen immer ein Viehzüchter bleiben würde, trotz modernem Kaschmirpullunder und beigefarbenem Cordjackett, und er bereue es manches Mal, seinen Kopf überhaupt aus der – in Anführungszeichen gesprochen – Stalltür herausgestreckt zu haben und nicht einfach das geblieben zu sein, was schon seine Eltern waren. Es war der Wunsch in ihm, dass diese stolz auf ihn sein würden, wenngleich er selbst am besten wusste, dass diese keinerlei Vorstellung davon besaßen, was ihr Sohn eigentlich tat. Ob er überhaupt etwas tat.

Meckerle war auf der Suche nach dem *Überautoren*, wie er das nannte. Einen Schriftsteller, so revolutionär, so neu, so wegweisend, dass nicht jedem sofort bewusst wäre, mit was man es hier zu tun hätte. «H. O. H.», wie Meckerle immer sagte, «Humbug oder Hochburg» – und er wollte es sein, der ihn entdeckte. Er wollte sein Mentor werden, väterlicher Freund. Vielleicht sogar Lebenspartner. Wenngleich Meckerle zuvor kaum Interesse an homosexuellen Aktivitäten hatte, so wäre er doch zu männlicher Liebe bereit gewesen, wenn es ihm geholfen hätte, aus dem Schatten, den der Alltag auf sein Leben warf, herauszutreten, in das Sonnenlicht der Anerkennung.

Meckerle war viel und oft bei schlechten Lesungen von schlechten Autoren, und später sagte er: «Nebersche wicke ener dorre, desch habertsch sehe, die miesersche. Nur Isch.» Am Ende las Meckerle Autoren sogar nur, wenn diese nicht verlegt waren. Er schaltete Anzeigen, in denen er bat, man möge ihm unveröffentlichtes Material zusenden, was zur Folge hatte, dass Meckerle bis zu seinem Tode unzählige Manuskripte zugesandt bekam, «eins beschissener als das andere». Meckerle las sie alle. Auf seiner Suche – fast schon seinem Kreuzzug – nach dem neuen, dem einen, einem Houellebecq des Schwabenlandes.[15]

Meckerle war auch viel im Ausland. Ließ sich dort simultan die Lesungen, die er besuchte, übersetzen. Japan, Slowenien, Russland, fand er doch, dass all diese Sprachen sehr kunstvoll klangen, und groß war seine Enttäuschung, als er feststellen musste, dass es doch nur wieder derselbe *Mischt* war wie in Stuttgart. Meckerle war sehr enttäuscht und glaubte schon sein Leben verwirkt zu haben.

In jener betrunkenen Nacht, am Fuße des Nachtwächterbrunnens, überlegte er, ob er sich nicht ein Ohr abschneiden solle oder eine Hand[16], die er hier dem Nachtwächter annähen wollte, sodass es zumindest seine Hand zu einiger Berühmtheit bringen würde. Vielleicht würde er noch eine Botschaft hineinschreiben, bevor er sich diese abschnitt. Etwas Mystisches. Wenngleich Meckerle ebenso wenig wie zur Kunst zur Mystik neigte.

---

15 Wenngleich man natürlich Houellebecq zu jener Zeit noch gar nicht kannte, auch Meckerle nicht. Aber nur mal so dahergesagt, damit Sie einen Parameter haben.

16 In Gedenken an *Peter Josef Moeckenbeck*

Er war gerade dabei, unsauber *Kuckuck* in seine Hand-
fläche zu schreiben, als mit einem Mal Jerome Scheuffele aus
dem Dickicht der Nacht trat, um sich ebenfalls zu den Füßen
des Nachtwächters niederzulassen und dort ein paar *Schwibbersche* zu trinken, wie man es zu jener Zeit gerne tat, als
der Schwibbersche noch in Mode war, bevor er dann im Jahr
darauf vom feineren *Moschlröff* abgelöst wurde. Die meisten
in der Stadt kannten Scheuffele, war seine Gestalt doch aufgrund der auffälligen Kleidung und der vielen Glöckchen, die
daran befestigt waren, kaum zu verwechseln. Auch Meckerle
kannte ihn, natürlich, hatte ein, zwei Sachen gelesen und, um
ehrlich zu sein, nicht verstanden.

Anfangs soffen die beiden schweigend, jeder auf einer Seite
des Brunnens, sinnend, vom Mond beschienen. Doch irgendwann im Laufe der Nacht redeten sie miteinander, wenngleich
keiner am nächsten Tag noch wusste, was. Es Meckerle sogar
unvorstellbar schien, dass er überhaupt gesprochen hatte, so
betrunken musste er gewesen sein.

Am nächsten Morgen kam er in einer Pension zu sich,
allein, nur bekleidet mit dem Geruch nach Pferd und einem Stück Hartschimmelkäse auf einer Untertasse auf dem
Nachttisch. Meckerle stutzte. Freilich. Erst recht, als er unter
dem Bett das Wort «Eidersasse» fand, das dort jemand aus
Trockenobst ausgelegt hatte.

Es war Zufall, dass er ausgerechnet an diesem Tag eine auf-
gezeichnete Lesung von Scheuffele im Radio hörte. Eine Lesung, in der Scheuffele eben genau diese Szenerie beschrieb,
wie ein pummeliger Mann, geschminkt und nackt in einem
Pensionsbett zu sich kam. Die Geschichte hieß *Eidersasse*.
Scheuffele sagte im anschließenden Interview, ein Eidersasse,
das wäre ein Mann, dem etwas abhanden gekommen wäre,
und der für dieses Abhandenkommen etwas bekommen hätte.

Durch diese Worte und Ereignisse neugierig geworden,
nahm Meckerle sich noch einmal die Texte Scheuffeles vor, die
er nach wie vor in seinem Herrenschränkchen aufbewahrte,
und nun, noch immer leicht beschwipst, spürte er mit einem

Mal den prophetischen Charakter, der ihm aus diesen Zeilen entgegenpfiff. In dem Poem *Waghalsch* etwa beschreibt er die Ereignisse vom 2. Mai 1978.

Meckerle rief sofort Scheuffele an. Dieser war noch ebenso benommen wie Meckerle selbst und konnte sich beim besten Willen nicht an ihn erinnern. Willigte aber ein, dass man sich am nächsten oder übernächsten Tage träfe, um zu reden. Und zu trinken.

Meckerle hatte es mit seiner besserwisserischen Art zu einigem Reichtum gebracht. Man vertraute seinem Urteil. Viel zu selten in Literaturfragen, sondern immer häufiger in anderen Angelegenheiten wie Design, Einrichtung, Rezepten, Zärtlichkeitsfragen. Er wolle mehr von Scheuffele lesen, bat er.

Scheuffele war es gleich, Hauptsache, es gab Geld.

Am nächsten Tag kamen mehrere Männer und holten die Manuskripte kartonweise aus dessen Wohnung, und Meckerle las sie alle. Am Ende der Lektüre wusste er, dass Scheuffele genau das war, wonach er gesucht hatte.

Meckerle besorgte Scheuffele einen Arbeitsplatz, von dem aus dieser die Stadt gut überblicken konnte. Er wollte, dass Scheuffele zum Zentrum der Stadt wurde, und postierte diesen so, dass die Bürger ihm bei der Arbeit zusehen konnten. Und umgekehrt. Ein kleiner Glaskasten an der *Eichstraße*, der spitz ins Stuttgarter Leben ragte, sodass Scheuffele sich nach Belieben davon bedienen konnte. Die Stuttgarter, nicht dumm, hörten, dass dort jemand saß und Romane über Stuttgart schrieb. Ein leicht verschrobener Realist, dessen Werkzeug zum einen das Leben, zum anderen der bunte Tuschkasten des Wahnsinns war. Und so tauchten

mit jedem Tag mehr Leute dort auf, sprangen herum, zogen sich verrückte Kostüme an, in der Hoffnung, Scheuffele würde auf sie aufmerksam und sie zu einer Figur seines Romans machen. Vielleicht gar zum titelgebenden Hauptprotagonisten eines auf mehrere Bände angelegten Werkes, sodass sie zu einem neuen Winnetou oder Faust wurden. Schließlich war es so laut vor dem Fenster, dass Scheuffele kaum noch etwas zustande brachte – was jedoch seiner Berühmtheit keinen Abbruch tat. Denn mit einem Mal kannte jeder den Scheuffi.

Hier in diesem *Glaschdreckerl*, wie man solche Bauart in Stuttgart nennt, schuf Scheuffele dennoch seine bedeutendsten Werke. Und die Stuttgarter dankten es ihm, indem sie ihm Nahrung und Kleidung zuwarfen. Oft öffnete er vor Rührung das Fenster und schrie spontan Ausgedachtes hinaus. Verse wie:

Was stünderlscht unten,
wosch obbe, nichts zum recke gibbe,
wosch Himmel kalt und spropferls,
pipppopp pippo,
hiersch Scheuffi, der spreche tot.
tschüssisch

Der Stuttgarter Schwüberschwäbli-Verlag druckte als Erster Werke von ihm, die so schnell ausverkauft waren, dass man mit dem Drucken kaum hinterherkam. Größere Verlage wurden aufmerksam, doch Scheuffele blieb beim Schwüberschwäbli-Verlag, was man ihm heute noch in Stuttgart hoch anrechnet.

Der Schwüberschwäbli-Verlag, eigentlich ein Vater-Tochter-Betrieb, wurde für kurze Zeit zum größten Verlag der Welt, und sie verdienten so viel Geld, dass sie bald schon keine Lust mehr auf Bücher hatten, sondern stattdessen nach Florida gingen, wo sie eine Damenbar eröffneten, die es auch noch heute gibt.

4.6. DAS VERSCHWINDEN JEROME SCHEUFFELES

Bietigheim-Bissingen

Jerome Scheuffeles Werk wurde in über 46 Sprachen übersetzt, obwohl diese Mischung aus Deutsch und schwäbischer Phantasiesprache immer als unübersetzbar galt. Trotzdem verkaufte sich sein Werk auch in Amerika gut, ebenso in Spanien und Lettland, sodass Scheuffele gemeinsam mit Meckerle, dem Colonel Parker des Schwabenlandes, ständig unterwegs war, um aus seinen Werken zu rezitieren, während Meckerle oft in der ersten Reihe saß und vor Glück weinte.

Einer Umfrage von 1989 nach galt Scheuffele zu jener Zeit als bedeutendster Autor der Welt und sein Werk *Das Fröscherl fragscht besser nit* wird von vielen, gerade Süddeutschen, in einer Reihe mit Hesses *Steppenwolf* genannt.

Doch während Meckerle immer glücklicher wurde, wurde Scheuffele nur unglücklicher. Menschen, das war für ihn schon immer ein Wagnis gewesen, und mit dem Erfolg nahmen auch die Menschen zu, die ihn bedrängten. Ständig waren Menschen da. Lagen auf den Fluren vor seinen Hotelzimmern und sogen Zimmerluft durch die Ritze zwischen Boden und Tür. Pressten sich an ihn. Berührten das Auto. Hoben seinen Müll auf. Zogen sich an wie er. Trugen die Haare wie er, und manch einer soll sich sogar operiert haben lassen, um so auszusehen wie der Scheuffi. Kurzum – *desch wurd zuville*.

Scheuffele begann, sich nach Einsamkeit zu sehnen. Er konnte mitten in einer Lesung die dunkle Tischdecke vom Lesetischchen nehmen und sie über sich breiten. Reglos saß er so da. Scheinbar allein und genoss die Stille und die Dunkelheit. Das Publikum war begeistert, klatschte, einige nahmen ihre Mäntel und verbargen sich ebenfalls spontan unter diesen. Eine verrückte Zeit.

Das alles geschah kurz vor dem 2. August 2002, seinem 50. Geburtstag. Meckerle versuchte an diesem Tag ver-

gebens, ihn zu erreichen. Ebenso am Tag darauf. Schließlich fuhr er zu Scheuffeles Wohnung. Als auf sein Klingeln nicht reagiert wurde, schmiss er sich gegen die Tür, wie er es in vielen unveröffentlichten Kriminalromanen gelesen hatte, bis diese nachgab. Die Wohnung war voller Blut. Überall war Blut. Es war das helle Knabenblut Scheuffeles, dessen Farbton Meckerle unter vielen erkannt hätte. Von einem hellen, fast orangefarbenem Rosa war es, wie der Kehlenflaum eines Rotkehlchens. Erregt lief er durch die Wohnung. Zitternd. Er wollte nach Jerome rufen, doch seine Stimme versagte ihm.

Der Scheuffi war nicht dort. Nur das Blut. Im Waschbecken lag ein Skalpell. Nadel. Faden. Ein Buch über plastische Gesichtschirurgie lag aufgeschlagen auf dem Toilettendeckel. Meckerle saß da und überlegte.

Wie Sie wissen, tauchte Scheuffele bis heute nicht wieder auf. Man ist sich sicher, dass er noch am Leben ist, und die Gerüchte mehren sich, dass er sich noch immer in der Nähe Stuttgarts aufhält. Man vermutet ihn im beschaulichen Bietigheim-Bissingen, diesem Filetstück aus der Lende Schwabens, das er von seiner Arbeit in der Wäscherei her kannte und das er so liebte. Oft lag er nachts wach in seinem Bett und dachte an Bietigheim-Bissingen, wie er einem Kollegen anvertraute, «dieschm schön Örtschen, wo'sch aussähe tut als wärsch ausch Sahn und Buschen baut».

Stütze für diese Vermutung ist, dass immer wieder Verse auf Mauern und Stromkästen auftauchen, von denen man glaubt, sie stammen vom Scheuffele. Auch traut man Scheuffele zu, dass er sich nicht nur anders, sondern auch jünger operiert hat.

In Bietigheim-Bissingen will man natürlich nur zu gern, dass Scheuffele hier lebt. Hofft man doch so, noch mehr Besucher in diese Zierde des Abendlandes zu locken. Seit Jahren kämpft man dafür, dass auf dem Ortsschild unter dem Ortsnamen der Zusatz *Scheuffelestadt* steht. So wie beispiels-weise Ilmenau sich *Goethestadt* nennt, obwohl Goethe dort nie wirklich gelebt hat, sondern dorthin kam, um einen Brand aufzuklären.

Um seine Anwärterschaft als Scheuffelestadt weiter zu untermauern, errichtet man in Bietigheim-Bissingen ständig Skulpturen, die Figuren und Motive aus Scheuffeles Werk darstellen und Scheuffele-Connaisseure aus der ganzen Welt anlocken, die hier das Gefühl haben, im Werk Scheuffeles zu wandeln.

«Where's literature, where's reality? I don't know, here in Bietigheim-Bissingen. I don't really know. It's like I am a part of his work, a figure, that he has imagined», sagte einst *John Bonid*, ein australischer Scheuffele-Forscher.

Hier sehen Sie nun zwei der Skulpturen:

Die nackte Dralle beispielsweise aus *Pupperlsch Spiele am Fuße des Neckars*. Oder die sich aneinander reibenden Menschen aus *Menschen, die sich an Menschen reiben.*

Nun bin ich froh, Ihnen im Anschluss noch den wunderbaren Autor Finn-Ole Heinrich präsentieren zu können, der, obwohl in Henstedt-Ulzburg geboren, im Herzen Schwabe ist, wie er selbst sagt. Und so verwundert es nicht, dass er über die Zeit seines Stuttgart-Stipendiums 2009 sagt: «Das war echt die schönste Zeit in meinem Leben.»

Fast alle seine Texte spielen in Stuttgart. Aber meist in einer Unaufdringlichkeit, für die er oft gelobt wird und die man, nach ihm benannt, Heinrich'sche Unaufdringlichkeit nennt. So ist Stuttgart oft nicht sofort als solches zu erkennen. Steht stattdessen verhüllt neben der Handlung, um dann im rechten Moment den Kopf des fröhlichen Schwaben durch das Fenster in das Haus der Handlung zu strecken und bisweilen das Böckchen namens Melancholie zu vertreiben.

4.7. DIE WURST VON STUTTGART

Ein Gastbeitrag von Finn-Ole Heinrich

Leonhardstraße

Treten Sie noch einen Schritt zurück, schließen Sie kurz die Augen, dann öffnen Sie sie wieder und erleben Sie, was Sie nun durchflutet beim Anblick dieses beigegrauen Klotzes, der auf den ersten Blick ebenso durchschnittlich wie massiv inmitten der *Leonhardstraße* steht, wie Stuttgart selbst in vollkommen bescheidener Zurückhaltung ein Tal im Herzen Baden-Württembergs ausmalt. Von außen nicht zu erahnen, war dieses freundliche Gemäuer tatsächlich einst das zentrale Schlachtfeld des blutigen und überregional bekannt gewordenen Stuttgarter Wurstkrieges. Aber dazu später mehr. Heute steht es wie ein Mahnmal für vegetarischen Pazifismus und pansenlosen Humanismus unweit der pulsierenden, linksautonomen Stuttgarter Innenstadt. Alle Spuren der einst florierenden Imbissbude *Die Stuttwurst* sind längst

vom Gemäuer gewischt, und nur mehr selten versammeln sich in dunkler Nacht einige versprengte Guerilleros und prosten sich verschmitzt zu, murmeln ihre heimlichen Parolen und klopfen rhythmisch an die zugemauerten Fenster und *Kläpple*.

Doch gehen wir noch einen Schritt zurück, in die Zeit vor den kompromisslosen und brutalen Auseinandersetzungen, für die das kriegerische Volk der Schwaben in ganz Europa geachtet und gefürchtet ist. Erstmals Erwähnung in der Schwäbsche Yellow Press fand das einfache Gemäuer mit der bewegten Geschichte um etwa 1844 – mit einer für die wissenschaftliche Parapsychologie erstaunlichen Begebenheit: Schon um das Jahr 1842 fühlte sich ein gewisser Carl Alfred Dübner in seinem Haus durch unerklärliche Geräusche belästigt und zog aus. Zwei Jahre stand das Haus leer, bis der junge Rinderzüchter Theodor Johann Neudorf mit seiner Frau Christine und den zwei Töchtern Katharina und Margret das Haus günstig erwarb und bezog. Auch Neudorf registrierte unerklärliche Phänomene wie Schritte, Bewegungen von Gegenständen, Geräusche. Doch Neudorf, von dessen Großmutter bereits Parapsychisches berichtet wurde, entdeckte mittels akribischer Aufzeichnungen, dass die Klopfgeräusche sinnvoll gesteuert schienen. Es gelang ihm, ein Klopfalphabet zu entwickeln, wobei eine bestimme Anzahl von Klopfern, die Neudorf als *Raps* bezeichnete (und somit zum Namensgeber der Raptologie wurde), einen bestimmten Buchstaben bezeichnete. Diese seine Erfindung gilt noch heute als Geburtsstunde der spiritistischen Bewegung in der modernen westlichen Welt. Modeerscheinungen, wie das bis ins 20. Jahrhundert weit verbreitete Tischrücken, gehen auf Neudorf zurück und begründen seine Sonderstellung für die Entwicklung der wissenschaftlichen Parapsychologie.

Als Urheber der Geräusche bekannte sich per Raps-Mitteilungen eine gewisse Eusapia Ruffina. Sie gab zu Protokoll, man habe sie am dritten Tage nach ihrer Geburt im Keller des Hauses eingemauert. Tatsächlich fanden erst vor wenigen

Jahren ein paar verlumpte Geschichtsstudenten, die auf der Suche nach Belegen für ihre zweifelhaften Thesen über den Zusammenhang zwischen Mauertechnik und revolutionärem innerstädtischem Potenzial waren, Skelettreste eines Neugeborenen hinter einer dünngemauerten zweiten Wand in den Kellergewölben des berühmtesten Hauses in der Leonhardstraße.

Als Neudorfs Töchter im heiratsfähigen Alter waren und das Haus verließen, begleiteten die Raps beide Kinder. Katharina empfing die Zeichen in ihrer linken Schulter, Margret, bei der sich das Phänomen schwächer ausgeprägt zeigte, empfing die Raps an der Innenseite ihres linken Unterschenkels. Darüber hinaus jedoch hatte Margret mit einer fortschreitenden Farbblindheit zu kämpfen, die allerdings interessanterweise einherging mit einer Hypersensibilisierung der Fingerspitzen ihrer rechten Hand. Es war, als seien ihre Sinne gewandert und hätten sich überdies verstärkt, so konnte sie auch in vollkommener Dunkelheit Farben erkennen und gar verschlossene (und gefaltete) Briefe entziffern. Fortan arbeiteten beide Neudorf-Kinder als Berufsmedien und wurden Berühmtheiten, Margret folgte schließlich dem Ruf Aksakows nach Russland.

Theodor Johann Neudorf jedoch blieb zeit seines Lebens in diesem Haus wohnen und richtete auf Raps-Anweisungen der Eusapia Ruffina die erste Stuttgarter Babyklappe ein. Noch heute ist sie deutlich zu sehen. Tagsüber scheinvermauert und mit Fastfood-Verpackungen und Leergut als urbaner Altar des Prekariats getarnt, wird sie heimlich und nur des Nachts noch von Neudorf-Jüngern in Betrieb gehalten – unter dem augenzwinkernden Namen Wurstklappe. Im Jahre 1856 tat sich hier Historisches: Ruffina, offenbar italienischen Ursprungs (über ihre Herkunft konnte sie keine genaueren Auskünfte rapsen), forderte inbrünstig immer wieder «Torno!», was Neudorf nach einiger Recherche als «Drehlade» zu übersetzen vermochte – ein anderes Wort für *Babyklappe* oder *Babyfenster*. Neudorf und seine Frau, zunächst irritiert, gaben nach einiger Zeit dem immer leidenschaftlicheren Rapsen, das ihnen den Schlaf raubte, nach. Sie richteten eine Drehlade ein, ein kleines mit Stroh und Decken ausgelegtes hölzernes Behältnis, in das verzweifelte Mütter ihre Neugeborenen legen und an einer Glockenvorrichtung läuten konnten, ehe sie sich von dannen machten. In seinen Tagebüchern schreibt Neudorf über die ihm eingegebene Babyklappe:

«So sollen die Kinder in meinen Drehschrank, den Ruffi ‹Torno› genannt, geleget werden, und derselbe ist erbaut umgedrehet zu werden, dass das Kind in das Haus hineinwärts zu liegen kommt. Man zieht alsdenn an der daselbst befindlichen Glocke und geht davon. Gedachtes Behältnis sieht gemeiniglich einem großen Kornscheffel ähnlich und kann auf diese Weise dem unwissenden Betrachter keinerlei Aufschluss über seinen eigentlichen Zweck und Sinn, auf dass ob der unklaren Lage in Fragen der Juristerei kein Unheil über unser Haus hereinbreche.»

Neudorf, Hobby-Lyriker und Orchideen-Züchter, seit er von seinen berühmten Töchtern ausgehalten wurde, dichtete wacker folgende Zeilen, die er sodann in eine Steintafel ritzte und über seinem Torno anbrachte:

Auf dass der Kindermord nicht künftig werd verübet,
auf dass an seiner statt fortan Liebe hier regiere,
auf dass in ferner Zeit man Wurst an den Hungrigen
    übergiebet,
sei der Torno hier errichtet, dass er bis zu
    Imbisszeiten diese Wände ziere.

Schon an diesen Zeilen wird die parapsychische Hochbegabung (sowie die lyrische Minderbemittlung) Neudorfs deutlich, spürte er doch die exakte Neunutzung seiner Gemäuer auf über einhundertfünfzig Jahre im Voraus. Und so ist es keine Überraschung, dass an der Stelle dieser Plakette bis vor kurzer Zeit eine der modernsten Fritteusen der Stadt stand, um die junge, hochambitionierte Fritteurista tanzten. Wo vor rund anderthalb Jahrhunderten die progressive Baby-Korn-scheffel in die Wand geschlagen wurde, war eine Dekade lang eine Durchreiche für delikate Kadaverteile, exquisite fleisch-breigefüllte Pansen und schlabbrige Zucker-Tomaten-Glut-amat-Soßen.

Im Jahr 2008, als Kai und Ralf Scheuffele-Noggendør mit großem Tamtam ihren Vater-Gedenk-Imbiss Scheuffi 1 in unmittelbarer Nachbarschaft errichteten, entbrannte zu-nächst ein gewaltiger Preiskampf, Würstchen und Pommes wurden verschenkt und der Kundschaft nachgetragen, Steaks als Schmierpapier zweckentfremdet, Leberkäse per Brief-schlitz zugestellt, und schließlich wuchs dieser Kampf sich zu einem ideologischen Stellungskrieg aus. Wer aß wo und warum. Die Straße, das Viertel, ja schließlich die ganze Stadt teilte sich in Lager. Scheuffi oder Neudorf. Straßenblockaden wurden errichtet, Grundschüler kletterten auf Laternen und ketteten sich an Bäume, verfeindete Seniorengruppen trafen sich zu Straßenschlachten in der Innenstadt und bewarfen sich mit Rindernieren und Schweinedarm. In einer zwei Jahre dauernden Geheimaktion gelang es den Scheuffele-Spröss-lingen schließlich mit Zahnstochern und Schaschlikspießen einen 1,4 Kilometer langen unterirdischen Tunnel zu graben, direkt in die Kellergewölbe des Neudorf-Hauses. In einer Nacht-und-Nebel-Aktion gossen sie die gesamte verfeindete Imbissbude mitsamt ihrer stolzen Friteurista mit schnell-härtendem Beton aus und befriedeten auf diese konsequente und doch allein in Schwaben denkbare Art den schwelenden Wurstkrieg, der über die Jahre zigtausende Opfer in die um-liegenden Krankenhäuser getrieben hatte.

Die Scheuffele-Kinder träumten große Expansionsträume, die sie aber alsbald begruben, als sie merkten, dass sie sich mit ihrer Aktion nicht nur Freunde gemacht hatten. Noch heute haben sie einen gutgehenden Imbiss, mit einer allerdings bedenklichen demographischen Entwicklung, was die Kundschaft anbelangt – sozusagen die ARD der Leichenteil-röster. Der junge aufgeklärte Stuttgarter marschiert schnaubend am Scheuffi 1 vorbei, nickt gen Himmel und dreht die Daumen, was als Respektsbekundung vor der Einrichtung des Torno gemeint ist.

Neudorf gilt heute vielen als Albert Schweitzer des Spiritismus, sein Nachlass steht für Nächstenliebe und soziale Verantwortung. Er und seine Frau erretteten 56 Kinder, gaben ihnen ein neues Heim, zogen sie mit spiritistischer Liebe auf und entließen sie als freie Raptisten in die Welt. Die geschlossenen Fensterläden vor dem ausbetonierten Keller- und Erdgeschoss erscheinen manchem wie überdimensionale Augen, in Demut geschlossene Hausaugen der stadtbekannten Immobilie.

Und – Obacht! – lauschen Sie einmal in einer ruhigen Minute vor Sonnenaufgang, wenn der Trubel der belebten Innenstadt noch nicht erwacht ist, treten Sie näher, atmen Sie vorsichtig, spitzen Sie die Ohren: Ruffinas Rapsen sei noch immer, so heißt es, dann und wann zu vernehmen, und leise soll das romantische Blubbern und Zischen einer Fritteuse zu hören sein ...

5. DORF

Überall dort, wo keine Stadt und nicht nichts ist

Das Dorf kann der schönste Ort der Welt sein, wenngleich es einen Städter anfangs immer befremdet. Überall hutzelt und zärtelt es in so einem Dorf. Dazu der Geruch nach Tier, der ins Haus dringt, später in Kleidung und Nahrung hängt. Dann immer wieder Stille. Stille, die Paranoia auslösen kann, kommt man aus der Stadt, wo man noch nie nichts gehört hat.

In der Regel leben in so einem Dorf wesentlich weniger Menschen als in der Stadt. Ein Umstand, den man im Dorf mit viel Nähe auszugleichen versucht. Sodass es einem dort doch manchmal wie in einer Großstadt vorkommt, überall sind Leute, die einem auf die Schulter hauen, sich an einen schmiegen oder einen in ihre Häuser ziehen, damit man den Finger in einen ihrer Töpfe steckt. Darin oft Braunes oder Beiges: Gerichte, wie es sie nur auf dem Dorf gibt. Diese tragen häufig Dialektausdrücke wie **Hahnenschlatter** oder **Büppelbutz**. Grundzutaten sind dabei meist Dinge, die der Städter wegschmeißt: Innereien, Füße oder alles aus dem Tierkopf.

Auf dem Dorf geschieht nichts einfach nur so. Alles ist gewachsen, ist mindestens Brauch, wenn nicht sogar Tradition. Für jede Lebenslage gibt es ein festes Ritual, um das zu kennen man schon lange dort leben muss. *«Regnet es an einem bestimmten Tage, und ein Käuzchen schreit den Ruf der Heiterkeit, so hake ein, wem du begegnest, und tanzet trunken einen Boßeldopp.»*

So gleicht jeder Tag im Dorf einem Abenteuer. Wildfremde Menschen stürmen auf einen zu, rufen: «Hummel, hummel, du Sack», zeigen auf einen Hahn, dann auf eine Schwalbe, die in einer bestimmten Art fliegt, haken dich unter, drehen sich

schwungvoll mit dir, um dich dann im Anschluss erwartungs-
voll mit kömigem Blick anzusehen – denn fast alle Bräuche
auf dem Land enden mit Schnaps. Und oft beginnen sie auch
so. Prost.

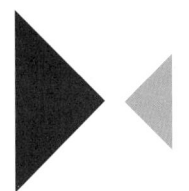

6. FRANKFURT

Der Name Frankfurt hat leider keinerlei Bedeutung. Er stand schon an der Stadt, als noch niemand hier lebte. Man erzählt sich gerne, dass Gott persönlich es gewesen wäre, der diese Stadt so benannt hat – denn noch immer gibt es, gerade im hessischen Raum, eine nicht gerade kleine Gruppe Splitter-christen, die glaubt, Gott hieße mit Vornamen *Frank*. Und *furt* stände für fort. Also *Frank ist fort*, und Gott hätte es dort-hin geschrieben, als er sich aufgemacht hat in den Himmel.

Das kann man natürlich alles für ausgemachten Humbug halten, aber man kann auch daran glauben.

 Beginnen wollen wir unseren Rundgang am Steinernen U, das Sie auf der **Alten Brücke** finden, der schönsten Brücke der Welt.

6.1. DAS SAUF-U AUF DER ALTEN BRÜCKE

Alte Brücke

Das **Sauf-U**, wie es genannt wird, ist im Grunde der bekannteste Ort Frankfurts – wenngleich er nur selten in herkömmlichen Cityguides erwähnt wird. Ich, das haben Sie sicher schon bemerkt, weiß aber, wo der Barthel den Most holt. Knickknack.

Das Sauf-U ist ein gemauertes Rondell auf der Alten Brücke. Tagsüber ist es verwaist, und nur kleine Fläschchen deuten auf die Aktivitäten in der Nacht hin, achtlos dahingeworfene Zigaretten mit braunem Männerlippenstift daran sowie die Abdrücke von krallenden Herrenzehen im Asphalt. Denn hier trifft sich oft die Creme de la Creme der Frankfurter Trinkerszene. Menschen mit einem Faible für Hochprozentiges und gewissem Stil. Bei einem kleinem Schlummifix mit Blick auf den Main steht man hier wie an einer steinernen Bar, unterhält sich rotgesichtig mit Gleichgesinnten – und nicht wenige Liasons wurden hier geschlossen und im angrenzenden Inselforst vollzogen. Oft gibt man den Kindern Namen, die mit einem U beginnen, als Hommage an diesen Ort, an dem sich die Eltern in verschwommener Glückseligkeit begegnet sind und einander schon oft kurz darauf vergaßen. Das erklärt, warum Frankfurter, hören sie Vornamen wie Uwe, Ursula oder Unze, sich ein Grinsen nicht verkneifen können, und manch einer, der in Wahrheit Ulf heißt, lässt sich lieber Wulf rufen oder Gulf.

Überall hier finden sich kleine Aufkleber mit hastig dahingeschmierten Saufvisionen. Gestalten, die einem im Rausch erschienen und halb wahr, halb Rausch sind. Schnell kritzelt man sie dahin, klebt sie an die Stäbe des Gitters, damit sie bleiben. Denn Beständigkeit, das ist das höchste Gut des Trinkers.

Manch einer schreibt gar Botschaften hin, die nüchtern kaum zu entschlüsseln sind, und erst, wenn man selbst angeschwipst ist, an Klarheit und Weisheit gewinnen. Probieren Sie es ruhig aus. Lesen Sie eins der Gedichte. Auf den ersten Blick wirken viele nur wie eine adoleszente Sauerei, doch bei näherer Betrachtung stellt man fest, dass es sich nicht selten um ein kleines Poem erster Kajüte handelt, das in seiner Strahlkraft auch einen *E. T. A. Hoffmann* alt aussehen lässt. Der Autor ist freilich anonym. Er selbst wird sich ebenfalls kaum noch daran erinnern können.

Errichtet wurde das U auf der *Alten Brücke* einmal, um die bösen Geister, die, so der Aberglaube, mit Schiffen nach Frankfurt kamen, fernzuhalten. Hier verschanzte man sich in früherer Zeit und beschimpfte lauthals jedes fremde Schiff, während man sich in das offene Steinrondell krallte. Sie können noch heute die grünen Flecken sehen, diese rühren vom sogenannten Schimpfspeichel her, der den Keifenden beim Schelten vom Kinn troff. Bis weit in die fünfziger Jahre hielt sich dieser Brauch, bis man schließlich erkannte, dass es im Grunde kaum etwas half. Die fremden Seemänner winkten nur und fuhren unbeirrt weiter. «Strange, but nice people», schrieb Kapitän Henry Morgan in seinen Memoiren *Kapitän Henry Morgans Memoiren* über Frankfurt.

Fortan mied man diesen unbrauchbaren Ort. Nutzte lieber den Eisernen Steg gegenüber und nahm den Umweg gerne in Kauf.

Erst die 68er entdeckten das U für sich wieder neu. U wie Uschi. Hier traf man sich, um über Politik zu diskutieren, liebte sich im Inneren des Us, während die Übrigen umherstanden und rhythmisch klatschten. Auch in den Siebzigern hielt sich dieses Treiben, dazu gab es Zupfgitarrenmusik, Lagerfeuer, Stockbrot, aufwendige Schminkereien, Blumen, Girlanden, bis man Mitte der Achtziger beschloss, sich aufs Wesentliche zu besinnen. Fortan stand man hier fast völlig stumm, begrüßte Ankömmlinge nur mit einem Nicken, die Plastiktüte mit den *Babbelwasserdopp,* wie man es nannte, fest zwischen den Beinen, fokussierte man den Main oder die Skyline Frankfurts und war froh, dass man hier stand und nicht irgendwo drinnen in stickiger, lauttümeliger Atmosphäre.

Das Bild des Malers Gustav Mückenson, *Der Änste Trinka,* das hier entstand, zeigt den Frankfurter Kaufmann Heinz Fränkes, der sich allabendlich an diesem Ort den Frust aus der Seele soff, bevor er dann, entspannt und ausgeglichen, zu seiner Familie zurückkehrte, wo er ihr Treiben nun gut aushalten konnte. «Es gleichich aus hier zu sein», sagte er.

Mit der Ruhe war es in den Neunzigern dann schlagartig vorbei, als die Technogeneration den Platz für sich entdeckte und die Raves aus den Wohnzimmern nach draußen verlagert wurde. Die tanzenden Raver verschreckten die ernsten Trinker, und die meisten gaben das Trinken fortan auf und widmeten sich zu Hause Forschungsarbeiten oder Schachpartien. Erst vor zehn Jahren wurde dieser Ort wieder von den Trinkenden zurückerobert und ist bis heute fest in ihrer Hand.

Folgen Sie der **Kurt-Schumacher-Straße**. Biegen Sie dann links in die **Battonstraße**, diese wird zur **Berliner Straße**. Rechts in die **Hasengasse**, und von dort sollte dann die Straße **An der Kleinmarkthalle** abgehen, wo Sie ein pittoreskes, gelbes Haus finden.

6.2. DER DICKSTE MENSCH FRANKFURTS

An der Kleinmarkthalle

Ein Zufall ist es ganz sicher nicht, dass ausgerechnet in unmittelbarer Nachbarschaft zur Kleinmarkthalle lange Zeit Jakob Epser lebte, der einstmals Frankfurts berühmtester Einwohner war. Noch heute kommt man mit Reisebussen aus Paris, New York und Tokio, *to touch the house of Jakob*. Jugendliche haben aus Respekt seinen Namen an die Hauswand geschmiert.

In dem Haus an der Kleinmarkthalle hatte sich Epser jahrelang verschanzt, damit das Fett ihn nicht fand. Seine Mutter, Gisela Epser, geborene Jahoviac, hatte ihn davor gewarnt. Auch sie wäre nicht immer so gewesen, diese dralle Ausgeburt an großstädtischem Chic, die sie heute war. Im ganzen elterlichen Hause hingen Fotos, die die Mutter schlank und rank und nicht selten nackt zeigten, als Mahnung für den Jakob, dass er aufpassen solle. Das Fett mache Jagd auf die Familie Epser und könne ihn riechen, ganz gleich, wo er sich auch aufhalten würde.

Frau Epser rieb ihren Sohn

mit einer Paste ein. Eine Art Brei aus Pfefferminz, Anis und Schmalz, die sie, wie sie es in einem Buch über Naturvölker gelesen hatte, nach altem Brauche selbst herstellte, indem sie die Zutaten in ihrer Mundhöhle kräftig zerkaute, vermengte und sie anschließend in eine güldene Dose spuckte. Mit dem so entstandenen Brei hatte Jakob sich einzuschmieren, damit das Fett seine Dünnleibigkeit nicht roch, kam und ihn unter sich begrub.

Die Pusteln würden wieder weggehen, erklärte die Mutter ernst, kaum hatte den Jungen ein rötlicher Ausschlag befallen, an dem zu kratzen und herumzupulen er nur schwer widerstehen konnte. Und so nahm er tatsächlich anfangs etwas ab – die Hautpartikel, die sich durchs Kratzen unter seinen Nägeln fanden und die er abends mit einer Nagelfeile darunter hervorholte und in einer Filmdose sammelte.

«Wollte keine Vergänglichkeit. Bleiben wollt ich. Immer nur bleiben. So lebt ein Teil von mir inner Dose. Inner Dose bleibst du für immer. Dose bedeutet Konservierung. Und Konservierung bedeutet: bleibt für immer», sagt er in dem Dokumentarfilm *Ein Leben in Dosen*, in dem Fritz Pücken diesem Phänomen, das in die Medizin als Pyxidismus einging, nachspürte. Darin werden eben jene Menschen porträtiert, die durch Exkrementaufbewahrung der Vergänglichkeit ein Schnippchen zu schlagen versuchen.

Diese Dosen mit Jakob Epser in ihrem Inneren existieren auch heute noch. Nebst weiteren Behältnissen wie Marmeladengläsern und Tuben, die Jakob Epser im Laufe seines Lebens mit winzigen Partikeln von sich füllte und an diversen Orten vergrub. Immer wieder stößt man bei Bauarbeiten im Großraum Frankfurt auf ebensolche Behältnisse, gefüllt mit Haaren, Fingernägeln und anderen undefinierbaren Überresten, die Epser im Laufe seines Lebens überall vergrub, in der Hoffnung, dass so ein Teil von ihm immer weiterexistiere, bis irgendwann der Teil, der zurückbliebe, größer wäre als der, der ginge.

Doch so clever und durchdacht uns dieses Vorhaben heute auch erscheinen mag, so sehr verärgerte es doch das Schicksal, ein besserwisserisches Nichts, das nicht duldete, dass sich irgendwer in seine Angelegenheiten einmischte. Aus Rache schickte es Epser die Fettsucht, sodass dieser seine Partikel und Ausscheidungen schon säckeweise hätte horten müssen, um am Ende mehr auf der Erde als im Himmel zu sein.

Die Paste seiner Mutter half nur anfangs. Irgendwann fand das Fett Jakob und machte kurzen Prozess mit ihm, begrub ihn unter Massen, fesselte ihn schließlich an dieses Haus.

So schrecklich uns Schlankheitsfanatikern das auf den ersten Blick auch erscheinen mag, vielleicht war es ein Segen. Denn: Jakob, der zwei linke Hände und Füße hatte, nicht gerade mit Verstand gesegnet war und auch sonst nicht den Anschein erweckte, als würde er es je zu etwas bringen, erlangte dank des Fetts große Berühmtheit. Er wurde der dickste Mensch Frankfurts und eine Zeitlang sogar Deutschlands – bevor der Pole **Mateusz Polopppic** 1994 die deutsche Staatsbürgerschaft erlangte. Bereits mit Anfang zwanzig war Jakob so dick, dass das Leben es nur noch durch die winzige Öffnung des Fernsehers zu ihm schaffte. Später dann, als seine Augenhöhlen derart speckig waren, dass sein Blick sich kaum noch herauszwängen konnte, kamen Kinder mit Familien, schließlich ganze Reisegruppen und angesoffene Kegelvereine, um den dicken Jakob zu sehen. Eine Mark kostete der

Eintritt damals, und wer zwei zahlte, durfte auch mal sein Gesicht tief in Jakobs Bauch drücken, bis es so dunkel wurde, dass man Angst bekam. Für fünf Mark konnte man ein Foto von sich auf dem nackten Jakob machen, wie man in ihm versank wie in einer Moorlandschaft.

1984 verstarb Epser in Anwesenheit einer Studiengruppe aus Ecuador. Aufgrund seines Todes und der kurz darauf einsetzenden Verwesung im großen Stile findet sich noch heute mehr Epser auf als in der Erde. Die Dosen sind größtenteils in Privatbesitz, und man plant für 2015 eine große Ausstellung, bei der einmal alle Behältnisse mit Epser darin ausgestellt werden sollen. Derzeit baut man an einer riesigen Halle, in der alle Behältnisse Platz finden sollen. Diese wird sich, vermutlich nicht umsonst, in unmittelbarer Nachbarschaft zu den Fundamenten der karolingischen Kaiserpfalz finden.

 Gehen Sie nun wieder in die **Hasengasse**, die zurück und weiter, bis Sie zum **Frankfurter Dom** kommen. Auf dem Weg dorthin wird Ihnen schon der *Beppel'sche Zeigefinger* begegnen.

6.3. DIE ERSTEN WUTBÜRGER DER WELT

Überall in Frankfurt, u. a. am Frankfurter Dom

Heinz Beppel war schon früh dagegen. Kaum war er aus dem Schoße seine Mutter gekrochen, da war er gegen die Welt, das Licht und dessen Helligkeit. Gegen die spröde Brustwarze seiner Mutter, mit einem Vorhof so groß wie sein Kopf. «Braun» war das erste Wort, das er dachte. Das Erste, was er sagte, aber war: «Nein.» Er sagte *nein* zu seinen Eltern. Zu den Speisen, die sie ihm auftrugen. Zum Schlafen, zum Wachen, zu jeglichen Aktivitäten. Und «dagegen», das war sein zweites Wort.

Seine Eltern waren mehr als verzweifelt. Verweigerung, das war nichts für sie, Herrn Beppel, einem Beamten im Verwaltungsbereich, Frau Beppel, der die Liebe zu ihrem Mann immer wie ein unkündbares Angestelltenverhältnis vorgekommen war.

Heinz sagte *nein*, an dem Tag, an dem die anderen Kinder in seinem Alter eingeschult wurden. Heinz sagte *nein* zu der Polizei, die etwas von Schulpflicht erzählte. *Nein* war auch das Wort, das er den Menschen vom Jugendamt sagte, während diese im Hintergrund seine Eltern lamentieren hörten.

Dann kam lange niemand mehr, und Heinz war zufrieden. Seine Eltern waren mehr als überrascht darüber. Sagten sie *nein*, kamen immer erst Briefe, dann kamen Menschen, erst ohne, dann mit Uniformen und schließlich sagten sie *ja* und waren dafür.

Eines Nachts sagte Frau Beppel das erste Mal dieses neue Wort zu ihrem Mann, *Nein*, nachdem sie die Hosenträger gegen sein schlaffes Fleisch hatte klatschen hören können, der Geruch nach behaartem Bauch im Zimmer stand. «Nein, Hans!»

Er sah sie verwundert an und sagte: «Ja.»

«Nein», entgegnete sie energischer, schrie es schließlich sogar.

Am nächsten Morgen sagte auch Hans *nein*. Er stünde nicht auf, und so blieben sie einfach liegen und warteten, was geschah. Ob überhaupt. Es war ein schöner Tag. Das erste Mal in ihrem Leben sahen sie die Sonne über Frankfurts Bergen aufgehen. Sie aßen gemeinsam Frühstück, dann schrieben sie Briefe an verschiedene Ämter und sogenannte Bekannte, in denen nichts als *Nein* stand. Heinz war überrascht über seine Eltern, aber stolz.

Kurz darauf trafen die ersten Briefe der Behörden ein. Allesamt stammten sie von Computern, die ihnen schrieben, dass sie Computer wären, darauf programmiert, Briefe zu schreiben, von denen kein Mensch etwas wüsste. Deshalb wären sie auch nicht unterschrieben. In diesen Briefen stand im Grunde auch *Nein*. *Nein* in Bezug auf Herrn und Frau Beppel, man drückte es aber umständlicher aus, viele Seiten, engbedruckt mit Wörtern wie «Sachverhalt», «Widerspruchsführer», «Ausspruchsvergütung».

Wieder schrieben sie einfach nur *Nein* zurück. Sie schrieben es an die Haustür. Riefen bei den Zeugen Jehovas an. Bei der Arbeit. Beim Finanzamt. Bei der Krankenkasse. Bei den Nazis. «Hier Beppel», sagte Herr Beppel, dann sagte er: «Nein.»

Am nächsten Morgen sagte Frau Beppel *nein* zum Strom und stellte ihn ab. Mit einer Geflügelschere kappte sie das Kabel, das zum Haus führte.

«Nein», sagte sie.

Herr Beppel nickte.

Heinz sprang ungelenk auf und ab, was vielerlei bedeuten konnte, dann sagte er *nein* und umarmte seine Eltern. Alle drei sprangen eine Weile ungelenk auf und ab, gingen dann ins Haus und wollten fernsehen. «Nein», sagte da der Fernseher, stromlos, wie er war, und spiegelte stattdessen die drei wieder, wie sie davorsaßen und starrend warteten.

«Dagegen», sagte Herr Beppel und zeigte mit ausgestrecktem Finger auf den ausgeschalteten Fernseher. Frau Beppel nickte.

«Dagegen», stieg auch Heinz mit ein und zeigte auf seine Pubertät. Die Fleischäpfel, die ihm am Hals und zwischen den Beinen wuchsen.

Sie gingen zum Fenster. «Dagegen», sagten sie und zeigten auf den Trog mit der Autobahn darin, die man Jahre zuvor gebaut hatte. Beppels hatten es hingenommen. Frau Beppel hatte sogar jeden Tag Kaffee gekocht, Frankfurter Kranz gebacken für über hundert Bauarbeiter. Nachts gingen sie jetzt dorthin und schrieben *Nein* daran. Schmissen ihr Hab und Gut auf die Autobahn und warteten, was geschah. Es ward Getöse. Gingen dann wieder zurück in das kahler werdende Haus.

«Nein» schrieb sich Herr Beppel auf die Glatze, auf den wachsenden Bauch. «Dagegen» malte Frau Beppel sich mit Kajal auf den hängenden Po, von dem sie schon lange nicht mehr wusste, welcher Frucht er glich. Ob überhaupt etwas Vergleichbares in der Natur wuchs. «Dagegen» auf die hängenden Lider, ihre Brüste, die immer länger wurden, dass es so aussah, als ginge sie auf allen vieren wie ein Tier.

«Nein», sagte sie.

Dann eines Abends waren sie zusammen in der Innenstadt. Sie sagten *nein* zu den Hochhäusern, zu den Banken. Zum Geld. Zum Konsum. *Nein*, schrien sie laut, und es war das erste Mal, dass sie nicht alleine waren. Andere stimmten mit ein. *Nein!*

Die Beppels kamen nun jeden Tag hierher. Die anderen leider nicht. Sie liefen durch die Stadt und zeigten auf all das, wogegen sie waren. Sagten laut davor «Nein» oder «Dagegen» und gingen weiter. Mittlerweile war es so viel, dass sie es kaum noch schafften, auf alles zu zeigen. Sie waren erschöpft vom Anklagen, zwei Zeigefinger waren viel zu wenig. Selbst wenn jeder Finger, jeder Zeh Zeigefinger, Zeigezeh gewesen wäre, es wäre nicht genug.

Anfangs bauten sie ganze Hände aus Papier. Schließlich nur noch stilisierte, mahnende Zeigefinger in Signalfarbe, die sie an Laternenpfähle klebten und auf die Dinge zeigen ließen, die ihnen missfielen. Diese Beppel'schen Zeigefinger, wie wir sie nennen, finden sich mittlerweile überall auf der Welt, nicht nur in Frankfurt. Sie zeigen auf alles, was schlecht ist: Diktatoren, Atomkraftwerke, Nazis, Straftäter, Terroristen, Kinderschänder. Jeden Tag kommen neue Zeigefinger hinzu, weil das Schlechte wuchert und wächst.

 Nun mischen Sie sich bitte unter eine Gruppe Asiaten und lassen sich mittreiben. So finden Sie ganz sicher irgendwann den Weg zum **Römerberg**.

6.4. ÜBER DAS VERKNOTEN VON VOR- HÄNGEN UND WÜRZBURG UND VOM KRIEG

Überall zu finden, hier Römerberg und Würzburg

Das Verknoten von Vorhängen hat in Frankfurt eine lange Tradition. Zurückgehen soll es auf den Freiherren von Schwickersbach, einem wegen seiner Exaltiertheit gleichermaßen gefürchteten wie geachteten Mann, der je nach Stimmungslage Vorhänge verknotete. «Vorhanger ward minne Art mir auszudrucket. Makramea ars, Kunst des Knotens», schrieb er in einem Brief an Minna von Hodenhagen, eine begnadete Zupfgitarrenspielerin, mit der er einen zehnjährigen schriftlichen Disput darüber unterhielt, wo Kunst aufhören und Makramee – oder Makramea, wie es zu jener Zeit genannt ward – anfangen würde. Beide waren unterschiedlicher Meinung darüber und schrieben sich unermüdlich lange, oft unleserliche Briefe.

Von Schwickersbach besaß ein großes Haus, fast fünfhundert Quadratmeter, das zwar von der Seite schmal – in der Tiefe maß es kaum zwei Meter –, doch sehr breit und hoch war. Exakt hundertzwölf Fenster fanden an der vorderen

Fassade Platz, und sie alle hatten Vorhänge, sodass durch das Verknoten komplizierte Muster, gar Botschaften entstanden. Das **Zopfmuster** geht beispielsweise ebenso auf von Schwickersbach zurück, wie **Pepita, Paisley** oder **Hahnentritt**. Den ganzen Tag konnte von Schwickersbach damit zubringen. Immer wieder verknotete er die Vorhänge auf unterschiedliche Weise, bestieg dann sein Pferd, ritt auf den einige Kilometer entfernten *Frankfurter Berg*, besah sich von dort sein Werk, ritt zurück und nahm Veränderungen vor, ritt wieder auf den Berg und zurück und so weiter, bis er schließlich, oft erst kurz vor Einbruch der Dunkelheit, zufrieden war. Am Abend dann zerstörte er sein Werk wieder, wenn er zu Bett ging und sich alle Vorhänge schlaff dem Licht entgegenstellten.

«Nat grad des Vergangoren isset, was der ars to maximuum verhelfet», so von Schwickersbach in einem seiner Briefe.

Von Schwickersbach wollte mit diesen 224 Vorhängen begraben werden. Ein riesiger Hügel entstand so, den man mit Erde bedeckte. Ein weiterer Berg, der im Stadtgebiet Frankfurts liegt und von dem man bis zum Zweiten Weltkrieg noch wusste, wo er sich befand. Doch dann, als die Stadt diese enormen Schäden nahm und alles in Schutt und Asche lag, wusste niemand mehr, was einmal wo gewesen war. Bis heute nicht, und immer wieder gräbt man, in der Hoffnung, auf Vorhang zu stoßen. Doch bislang leider vergebens.

Alles war kaputt, und richtig, vieles wurde wieder aufgebaut. Doch da es weder Fotos noch Karten gab, baute man das meiste einfach aus der Erinnerung wieder nach. Sprich, verband jemand mit einem Bauwerk eine sehr schöne Erinnerung, so konnte es geschehen – und geschah auch –, dass dieses viel, viel schöner und verzierter als zuvor aufgebaut wurde. Hier ein Röschen, da ein kleiner Klecks Architektensahne – was dazu führte, dass diese Stadt so schön und verspielt wurde, wie wir sie heute kennen. Freilich ist Frankfurt heute genau dafür in der ganzen Welt berühmt, doch mit dem ursprünglichen Frankfurt hat das kaum etwas zu tun. Sollten Sie sich dafür interessieren, so fahren Sie bitte einmal in das keine Stunde entfernte Würzburg, wo sich ein Teil des wahren Frankfurts findet.

Kurz bevor der Krieg begann, hatte man einen Teil der Altstadt Frankfurts nach Würzburg gebracht, um sie dort vor Schäden zu bewahren. Wusste man doch, dass im Ausland kaum bekannt war, wo Würzburg lag, noch dass es das überhaupt gab. Und so finden sich noch heute unzählige Gebäude des alten Frankfurts dort, wo sie sich gut im Stadtbild eingelebt haben und Würzburg heute zur schönsten Stadt der Welt machen.

Vergaß man von Schwickersbach auch schnell, den Brauch des Vorhangverknotens gibt es noch immer. Heute wird er als Symbol, oft auch als stiller Protest genutzt, mal gegen Unterdrückung, mal gegen Atomkraft, dann wieder gegen die Politik im Allgemeinen. Ein stummes, nicht zielgerichtetes Aufbegehren, das gerade in letzter Zeit viel genutzt wird.

Und wenn Sie aufmerksam durch Frankfurt gehen, werden Sie sie überall sehen, die verknoteten Vorhänge als Zeichen der Solidarität. Sie gelten uns als Vorstufe des **Beppel'schen Zeigefingers**, und man fragt sich vielleicht, warum so viel Ablehnung gerade hier in Frankfurt steht. Eine Frage, die auch mich beschäftigt.

 Von hier geht es zum **Main**, den Sie spüren können, wenn Sie die Augen schließen. Sie werden das Rauschen des Wassers hören, das Tuten von Schiffen. Folgen Sie mit geschlossenen Augen Ihrem Gefühl. Die nächsten Stationen finden Sie nun am **Mainkai**, so heißt die große Straße.

6.5. DER WEISSE SACK FRANKFURTS

Überall, u. a. Mainkai, Holzgraben

Die ersten Säcke wurden der Sage nach zuerst in Frankfurt etwa um 1500 gesichtet. Es war der Schlachter **Biebonymus**, der aus Haaren ein Geflecht knüpfte und vernähte, in das er sein *Flaasch* legte. Den Sack legte er an einem geheimen Ort Frankfurts ab und wartete darauf, dass das Fleisch im Inneren des *Saaggs* reifte.

Der Sack war eine Art künstliche Verpuppung, wie wir das Prinzip aus der Natur vom Schmetterling her kennen, in der

 etwas abgrundtief Unästhetisches, wie etwa eine Raupe, verpackt wird, um bald darauf wunderschön wieder zu schlüpfen. Die Menschen glaub-

ten, dies könnten auch sie sich zunutze machen, und kaum ward der Sack erfunden, begann man zu verpuppen, was auch nur zu verpuppen ging. Man verpuppte Übelschmeckendes, Unansehnliches, schlechte Eigenschaften wie Neid und Rücksichtslosigkeit, kaputte Gegenstände. Verpuppte sie in Säcken und brachte sie an Orte, an denen die Verpuppung ungestört vonstatten gehen konnte. Oft saßen die Menschen davor und warteten tage- und wochenlang darauf, dass etwas schlüpfte.

Später gingen sogar hässliche Menschen so weit, sich selbst darin einzunähen, sich irgendwo hinzulegen und darauf zu warten, dass der Sack und die Zeit sie schön machten – was nur selten geschah. Oft sahen diese Menschen nach der mehrtägigen Verpuppung noch unansehnlicher aus als zuvor. Ihre Haut war blass und hämatomfarben, das Gesicht eingefallen, Pusteln und Ekzeme zeugten von der Luft- und Lichtlosigkeit. Schon bald wurde klar, dass nichts, aber auch wirklich gar nichts schöner dadurch wurde, dass man es in einem Sack verpuppte und dann irgendwo hinstellte und wartete. Zeit macht alt. Ende der Durchsage.

Trotzdem finden sich auch heute noch, hauptsächlich in Frankfurt, Vertreter des Saccuismus. Und so stolpert man bei Streifzügen durch die Stadt hie und da immer mal wieder über solch *an waassen Saagg*. Manchmal bewegt es sich im Inneren. Vermutlich sind es Menschen, die auf das Glück warten.

6.6. TECHNO – THE SOUND
OF THE LIVINGROOM

Mainkai

Frankfurt, das ist das Detroit Europas, und ohne Frankfurt wäre Techno nicht denkbar. Techno, das war anfangs der Sound des Wohnzimmers. *The Sound Of The Livingroom*, wie *DJ H1*, Frankfurts erster Techno-DJ dann auch ganz folgerichtig seine erste Compilation betitelte, auf der sich verschiedene Beats finden, die Heinz Wzelsch, so sein bürgerlicher Name, noch völlig unelektronisch durch das Fallenlassen von Gegenständen herstellte. *Soft* nennt man dieses Phänomen unter Elektronikaficionados, Sound of Falling Things.

Techno, das bedeutet Mitte bis Ende der Achtziger vor allem Intimität gepaart mit harten Beats und guten Gesprächen. Man trifft sich in Mietshäusern, lädt Nachbarn zu den ersten Raves[17], auf denen man bei Buletten und Eiergelbshakes Schallplatten mit Endlosrillen auflegt, auf denen Beats zu hören sind, die man, je nach Stimmungslage und Ernsthaftigkeit des Gesprächs, mal schneller, mal langsamer laufen lässt, indem man Party-Getränke darauf abstellt. Vermutlich weil der Hesse nichts so sehr hasst wie Gesprächspausen. Stille ist dem Hessen, was anderen die Pest, und es gibt das Foto des Fotografen Mario Pitres, *Fünf vor Scham rote Hessen in einem Zimmer bei Stille*, auf dem eben jenes Phänomen zu sehen ist, die Peinlichkeit, die die Stille beim Hessen auslöst.

17 *Rave* ist hessisch und bedeutet Rabe. Dem Raben sagt man in der Fabelwelt nach, er wäre ein zur Geselligkeit neigender Vogel, der sich gerne mit anderen trifft, um zu *schwofen*. Er wird in der Fachliteratur deswegen auch oft als *Schwoftier* bezeichnet.

Schwoftiere sind zu übertriebener Geselligkeit neigende Tiere. Weitere Schwoftiere sind etwa der Wolf, die Wildgänse oder aber das Waldwiesel, aber weniger das Wiesenwiesel.

«War als wäre Leben wie Film mit Filmmusik», sagte DJ Jugobob später in dem Film *Frankfurt ist Krankfurt – Techno in Frankfurt.*

Hin und wieder stand man auf, ging auf den Balkon und schrie Parolen hinaus. Anfangs auf Hessisch, später, mit zunehmender Kommerzialisierung des Raves und des Technos, auf Englisch. Waren diese Parolen früher noch lang und ausgeklügelt, sogenannte *Bonmots*, wurden sie mit zunehmender Popularität immer simpler. Einfach um zu gewährleisten, dass möglichst viele sie begriffen. Parolen wie etwa «We're in the house, and you're not» oder «A is not a B, U C» entstanden. Dies wurde von der Szene oft kritisiert und führte schließlich zu Splittergruppen wie dem Philosophengabba oder Lyriktrance.

Die sogenannten *Raves* erkannte man an vielerlei. Hier sehen wir noch die bunten Wimpel (*the party pennant*), nun fast schon ein Relikt aus alter Zeit, die quer über den Balkon gespannt wurden. Die bunte Markise, die man ausfuhr, wenn ein Rave stieg, dazu Tonabnehmer am Fenster, die die Bässe bis nach draußen übertrugen. Kaum hörbar. Nur zu fühlen. Sodass Interessierte spürten, dass irgendwo *Teschnog'worschdel* war.

Auch die ersten Raves gingen schon das ganze Wochenende. Wobei aber, anders als später, nicht die ganze Zeit durchgefeiert, sondern auch mal geschlafen wurde. Denn die einzigen Drogen auf den ersten Raves waren Filterkaffee, Alkohol und Zigaretten. Mit allem schaffte man es zwar, ein bisschen länger aufzubleiben, doch irgendwann ging nichts mehr, und an Tanzen war erst recht nicht zu denken. Das Tanzen kam ohnehin erst später, als die jüngere Generation den Rave für sich entdeckte. Zuvor war der Rave eine Sache der Mittfünfziger, und es ging weniger um Musik als vielmehr darum, mit einfachen Mitteln und Strom die Umgebung auszublenden. Eine Art real erlebbarer Rauschzustand, in dem man gemeinsam mit anderen wie in einer Kapsel aus viel zu lauten Beats und milchigen Spitzenvorhängen saß, durch die

die Welt, wenn überhaupt, nur noch verschwommen wahrzunehmen war.

Irgendwann wurde Techno größer als der Einzelne. Zu groß, um noch in Mietswohnungen, überhaupt Häusern stattfinden zu können. Spätestens als Berlin Techno für sich entdeckte, es groß aufzog, wandten sich die Mittfünfziger davon ab und entdeckten das Kegeln für sich.

> ▶ Die nächste Station findet sich auf der anderen Seite des Mains. Gehen Sie über den **Eisernen Steg**.

6.7. FU A. M.

Schaumainkai

Die beiden waren oft in Frankfurt, denn Frankfurt, das war ein bisschen wie sie selbst: eine Stadt mit zwei Seiten, geteilt durch den Main. *Main* ist Englisch und bedeutet Hauptleitung. Und Leitung bedeutet Führung, hat gleichzeitig aber auch mit Fließen zu tun, und Fließen steht latent immer für Wut und Alkohol. Beides Dinge, die sie durchaus befürworteten.

Stets wohnten sie in der gleichen Pension. Eine Pension, die hieß wie ihre Mutter: *Peggy*. Und in der es auch so ähnlich roch. Ein Paradies aus Plüsch und Braun. Räume, in denen man die Zeit eingesperrt zu haben schien, und nun waren die beiden gekommen, um sie windelweich zu prügeln. Zwei junge Männer, denen die Wut ins Gesicht geschrieben stand. Mit kurzen Ponys, damit die Wut noch mehr Platz darin fand. Schon in der Rezeption schlugen sie sich in die Weichteile, trieben ihre Scherze mit den Porzellankatzen dort, die sie erst beschimpften, sich dann daran rieben.

Niemand wusste, warum die beiden ausgerechnet dorthin kamen, war doch die *Pension Peggy* ein Etablissement, das eher im Seniorensegment anzusiedeln war. Doch sie kamen jedes Jahr.

Das Zimmer verließen sie nur selten. Saßen stattdessen viel am offenen Fenster und beschimpften den Main. *Er solle sie nicht so beschissen ansehen! Fuck you!* Oder sie bewarfen Passanten mit Halbpension. Seilten Speichel ab.

Sie hatten kaum etwas mit außer einem Koffer voller Hass und einer kleinen Herrenumhängetasche mit Zorn darin, den sie großzügig im Zimmer verteilten. Immer wieder beschimpften sie die Einrichtung. Bis nach draußen konnte man sie das Bett bepöbeln hören, *fuck bed*, die Wand, *fuck wall*, den Spiegel, *fuck you, you bloody mirror.* Ob alles in Ordnung wäre, flötete Frau Peggener, die Besitzerin, dann unter der Tür hindurch. *Sie solle sich verpissen*, rief einer der beiden zurück. *Danke.*

Sie kamen immer zu zweit, reisten aber getrennt wieder ab. Nur einmal wäre einer der beiden, sie wüsste nicht mehr, wer, alleine gekommen. Traurig hätte er am Fenster gesessen und nach Menschen Ausschau gehalten, die so aussahen wie sein Bruder. Sie hätte ihn trösten müssen. Hätte sich die Haare so schneiden lassen müssen wie der andere. Sich mit ihm balgen. «Please, punch my soft parts», woraufhin sie ihm mit geschlossenen Augen ein wenig in den Weichteilen herumgedrückt hätte. Nachts hätte sie schwitzen müssen wie ein englischer Mann. Sie solle ihn beschimpfen, schliefe er. *Dreams are so boring without insults, with the horses and the fuckin' naked fairies, you know, Frau Peggener. Fuck you.* Einen Pony auf die Stirn malen.

Im nächsten Jahr blieben beide aus. In dem darauf hatte sie die Pension aufgeben müssen. Das Alter wollte nicht mehr, dass sie Gäste empfing.

Doch zwei Jahre später kamen beide wieder. Beschimpften die neuen Mieter durch die Rollläden. *New tenants, fuck you, you know.* Beschmierten das Haus von außen mit Abscheu. Auch im nächsten Jahr, in dem darauf, in dem darauf, in dem darauf und auch in dem darauf und in dem darauf, doch dann

irgendwann gaben sie es auf, zerstritten sich stattdessen woanders.

Das Amt für Erinnerungskultur setzte sich schließlich dafür ein, dass am Schaumainkai eine Gedenkstätte mit den Überresten aus dem Zimmer der beiden eingerichtet wurde. Diese kaufte man Frau Peggener teuer ab, sodass sie heute ein Leben im Luxus führen kann. Liebevoll aufgebaut finden wir hier nun Möbelstücke aus dem Zimmer der beiden, mit Kunstharz überzogen, um sie so witterungsbeständig zu machen. Der Teppich etwa, in den sie sich gegenseitig einrollten und in den Main schleppten. Das Ausklappsofa, auf dem sie nebeneinander nächtigten und sich Gute-Hassgeschichten erzählten. Das Brett aus dem Bad, auf dem ihre Zahnputzbecher standen – denn wer schimpfen will, braucht gute Zähne. Die Schmusedecke sowie der kleine Mahagonitisch, an dem sie gerne beisammen saßen und sich ins Gesicht schlugen. Und über allem thront der Schriftzug ihrer gemeinsamen Band.

 Die nächste Station findet sich fast **überall** in Frankfurt, Sie müssen nur genau hinsehen. Gehen Sie einfach schon einmal wieder in Richtung Innenstadt, auf dem Weg dahin finden Sie ihn bestimmt, den schwarzen Raben.

6.8. DÄ SCHWAATZE RAVE

beispielsweise in der Liebfrauenstraße

Sollten Sie schon einmal in Frankfurt gewesen sein, so werden Sie ihn sicher bemerkt haben. Denn bei genauerer Betrachtung ist er aus Frankfurts Stadtbild kaum wegzudenken. (Und selbst wenn man ihn nicht sieht, so spürt man doch oft seine Anwesenheit. Seine dunklen, dunklen Augen, deren Blicke sich in einen bohren und Leberflecke auf der Haut hinterlassen. Positive Leberflecken. *Leberflecken of Savety and Trust.*) Er sitzt einfach überall und lauert dem Pech auf, um sich – gegebenenfalls – darauf zu stürzen und es kurz und klein zu hacken mit seinem bestialisch spitzen Schnabel. Er begegnet uns hinter Fenstern. Auf Hutablagen in Autos. Unter Restauranttischen. Auf Mauervorsprüngen. Im Main. In dunklen Ecken und unter den Röcken großer, dicker Frauen. *Dä schwaatze Rave Frankfurts.* Der mehr ist als bloß ein Zeichen: Er ist ein Symbol. Denn so böse er aussieht, will er doch das Gegenteil davon bewirken. Er will das Böse fernhalten, damit es wieder

geht und in einer anderen Stadt für Unheil sorgt.

Der schwarze Rabe geht auf den Wanderheiligen **Pjotr I** zurück. Damals war er freilich noch nicht aus Plastik, sondern aus schwarzem Elfenbein, das zu jener Zeit noch ein sehr billiges Baumaterial war. Bevölkerten die Schwarzelefanten doch damals noch das Gebiet Hessens, weshalb sie auch oft **Hessische Elefanten** genannt wurden. Diese Elefanten waren weiße Elefanten mit schwarzen Stoßzähnen, die uns heute wie ein Negativ des Indischen oder Afrikanischen Elefanten erscheinen. Damals glaubte man noch, man könnte den Elefanten einfach so ausbeuten – ohne Konsequenzen. Die Rechnung dafür müssen wir nun heute bezahlen. Denn wie viele dieser Schwarzelefanten leben noch? Richtig: kein einziger.

Pjotr I fertigte diesen schwarzen Raben an und befestigte ihn mit einem Drahtgestänge über seinem Kopf. Was bei anderen seltsam gewirkt hätte, sah bei jemandem mit dem Namen Pjotr I natürlich äußerst weise und klug aus. Dazu noch ein schwarzer Rabe, das war ja an Symbolik kaum zu überbieten. Und schon bald darauf fanden sich immer mehr Menschen, die sich schwarze Raben anfertigten und auf ihren Köpfen umhertrugen, ohne recht zu wissen, was der Nutzen war. Man mutmaßt heute, dass das auch Pjotr I nicht so recht klar war. Auf die Frage nach dem Grund entgegnete er, er hätte einen Traum gehabt: «Wiese. Grün. Blumen, groß», schrieb er in seinem Buch *Pjotrs Träume*. «Gegurre, Krähen. Schwarzer Vogel, schwarzer Vogel. Kommt grefiet. Grefiet. Fliegt fort. Ich, Pjotr. Kopf Vogel darauf. Krkrkrkrkrkpsss. Vogel sagt. Mach, Pjotr. Machet. Ich mach es.»

Es waren die Jahre der Pest, die über das Land zog und die Menschen dahinraffte. Die Hygiene war noch nicht erfunden, und alles war Dreck, Dreck und Keim. Man schien machtlos – doch seltsamerweise erwischte die Pest niemanden, der einen solchen Raben auf dem Kopf trug. Eine Bestätigung?

Wissenschaftlich erklären kann man dieses Phänomen natürlich nicht. Trotzdem glauben noch heute viele daran, selbst die, die es nicht zugeben. Überall in Frankfurt kann man Raben aus Plastik kaufen. Oder zumindest Aufkleber davon, die, wenn man sie falsch herum ans Auto klebt, aussehen wie Sylt.

 Es geht zurück in die Innenstadt, dort suchen Sie sich bitte einen der unzähligen **Goetheplätze**.

6.9. L WIE GOETHE

Goetheplatz

Dass das Werk Goethes ohne den Buchstaben L undenkbar wäre, leuchtet selbst dem größten Idioten ein. Jahrtausendwerke wie *Faust I* oder *Faust II* oder auch das etwas unbekanntere *Die Laune des Verliebten* würden ohne das L in sich zusammenstürzen wie Soufflés, und «alles, was bliebe, wäre nur eine große, große Scheiße», hieß es vor kurzem in einer Rede zu Ehren Goethes.

Goethe, das war einer der besten Menschen der Welt. Wer ihn kannte, war stets froh darüber, und viele wären gerne Goethes bester Freund gewesen. Goethe, das war Winnetou und Jesus in einer Person. Sein Äußeres eine Mischung aus Ornella Muti und Hellmuth Karasek, sein Habitus dem eines Fürst Albert ebenbürtig.

Doch während jedermann Goethe liebte, liebte dieser nur die Buchstaben. «Die Buchstaben sind meine Freunde.

Sie tun, was ich ihnen sage. Sag ich *Hopp*, machen sie hopp. Auf mein Kommando formen sie sich selbst zu so schwierigen Wörtern wie *Transzendenziliät* oder *Oszillograph*. Buchstaben widersprechen nie, sind dadurch ideale Menschen. Selbst Phantasiewörter wie *Pöppeludorium* oder *Kluzzeltaler* bilden sie nach meinen Anweisungen, ohne zu murren.»

Doch Goethes Lieblingsbuchstabe, das war das L. L wie *Erlkönig*. Nicht nur dass das L ihm ein wenig ähnlich sah, nein, mit L begannen auch so wunderbare Dinge wie Liebe, Leiden oder Literatur. Sein ganzes Leben richtete er nach diesem einen Buchstaben aus: Studierte in Leipzig, verliebte sich erst in Lotte, dann in Lili, hielt noch im hohen Alter um die Hand der 19-jährigen Ulrike von Levetzow an.

Das ß dagegen hasste er. «Sz ist was für Spacken und Nazis. Ein Buchstabe, der heißt wie zwei, wer braucht das denn? Oder das Y. Neumodischer Quatsch. Y kommt aussem Ausland, und mit ihm erhält der Anglizismus Einzug in die deutsche Sprache. Ihr werdet noch an meine Worte denken, Freunde. Yeah.»

Nach seinem Tod veranlasste die Stadt Frankfurt, dass man neben Hunderten von Goethedenkmälern auch seinem Lieblingsbuchstaben ein Denkmal setzte. Das Ergebnis finden Sie auf dem Goetheplatz.

7. DIE KLEINSTE STADT DER WELT

Oft hinterm Haus

Der Wohnwagen ist die kleinste Stadt der Welt. In ihr haben maximal zehn Leute Platz. Hat man sich gerne, auch zwanzig. Sein Name ist oft blumiger, als es darin dann wirklich aussieht. Von außen heißt er wie Ziele in der Ferne, von innen sieht er aus wie Heimweh.

Anfangs ziehen die Menschen den Wohnwagen an Orte, die ihnen schön erscheinen. Spanische Wiesen, auf denen auch andere mit Wohnwagen stehen, aus denen man sich dann misstrauisch beobachtet. Denn weiß doch jeder, dass Menschen in Wohnwagen meist Zigeuner sind, zu denen man nicht mehr Zigeuner sagen darf. Doch ändern tut das nichts.

Ein paar Jahre geht es so, bevor man dann den Wohnwagen vergisst. Er verrottet. Beginnt nach Sehnsucht zu riechen – einem Gemisch aus dem Geruch nach gefangener Luft und viel besessenen Polstermöbeln.

Nur noch am Wochenende, an betrunkenen Sonntagen, kommt man hierher und erinnert sich der schönen Momente, die man nie hatte. Zumindest nie im Zusammenhang mit diesem Wohnwagen. Oft folgt die Erkenntnis, dass auch der Wohnwagen, wie das Eigenheim, wie der Ehepartner, der große Hund und das, was man im Hobbykeller tut, nur der Wunsch nach einer Geborgenheit ist, die man das letzte Mal als Kind gespürt hat und nach der man sein ganzes Leben sucht. Häufig vergebens. Traurig, nicht?

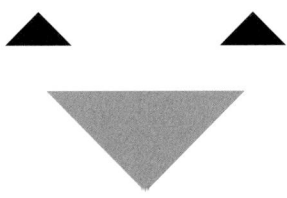

8. KÖLN

Meine Tage in Köln waren von einer Ausgelassenheit bestimmt, die ich mir nicht hätte erträumen lassen. Kurz überlegte ich aus diesem Buch ein alleiniges Kölnbuch zu machen, doch nach einem kurzen Telefonat mit dem Verlag entschied ich mich anders.

Nach Köln sollte man unvorbereitet kommen. Sollte sich treiben lassen, so lernt man Köln und dessen Bräuche am besten kennen. Anfangs ist es seltsam, und jeder Mensch fremdelt erst einmal, wenn Schnurrbärtige kommen und ihn in den Arm nehmen wollen. Für Minuten, so wirkt es, steht man dann da, in der Umklammerung dieser Männer, die entgegnen, «nur so», wenn man sie fragt, was das solle.

Aber so ist der Kölner, bestückt mit einem Zuviel aus Nähe und Gutmütigkeit.

Er heiße Jeremy, sagte der junge Mann zu mir, der sich schon am Bahnhof an mich schmiegte, aber ich solle ihn Günni nennen. Das wäre Kölsch und würde Käsebrot bedeuten. Ich könne bei ihm bleiben, sagte er, und so tat ich, wie mir geheißen, um das wahre Köln kennenzulernen. Günni lebte nicht weit vom Bahnhof. Die Wände des Zimmers waren mit Bildern von Funkenmariechen und Geißböcken tapeziert.

Das wäre alles, was er brauche, sagte er stolz, und zog unter dem Bett einen weißen Ziegenbock hervor, den er mich nötigte zu streicheln.

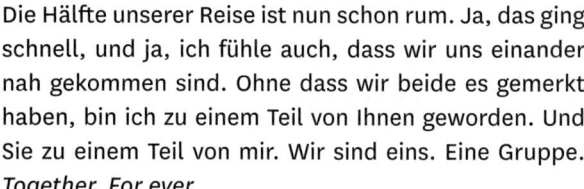

Die Hälfte unserer Reise ist nun schon rum. Ja, das ging schnell, und ja, ich fühle auch, dass wir uns einander nah gekommen sind. Ohne dass wir beide es gemerkt haben, bin ich zu einem Teil von Ihnen geworden. Und Sie zu einem Teil von mir. Wir sind eins. Eine Gruppe. *Together. For ever.*

Deshalb möchte ich Sie jetzt gerne duzen. Denn gerade hier in Köln duzt sich jeder. Köln, das ist stadtgewordene Nähe. Und der Rhein ist flüssige Intimität.

Geh dorthin und spüre es selbst. Tauche deine Hände hinein und nimm Rheinwasser mit nach Hause. Trinke es und trage es in dir.

8.1. DER RHEIN

Überall am Rhein

Der Rhein sieht mit zusammengekniffenen Augen aus wie eine wunderschöne Frau. An warmen Tagen riecht er auch so, und dann kommen die Männer aus allen Himmelsrichtungen hierher ans Ufer und stecken ihre Hände hinein. Manche waten, untenrum nackt, durch die Fluten, einmal nach Deutz und zurück. In den Augen der Glanz der Befriedigung, im Kopf die Illusion von Glück, von dem einsame Männer tatsächlich glauben, es fühle sich so an, wie halbnackt durch kaltes Wasser zu waten.

Oft stehen sie hier mit ihren Fahrrädern. Bereit sich aufzumachen in ein neues Leben. In den Taschen ihrer Funktionsjacken: Rasierzeug, Zahnbürsten, Kämme, Kondome. Sie warten nur auf ein Zeichen des Rheins, und schon würden sie sich in ihn – bzw. sie – stürzen. Sich mitreißen lassen. Denn Rhein, das ist auch Euphorie.

Doch meist wird es Abend, ohne dass etwas geschieht. Und das Einzige, das an Liebe erinnert, sind die Container-Schiffe, die heißen wie Mädchen. Marion zum Beispiel.

KÖLN   141

 Gehe so lange am Rhein entlang, bis du nicht mehr kannst. Ruhe dich aus. Trinke etwas Rheinwasser, dann geh weiter.

Du musst dich exakt in der Mitte zwischen Deutzer und Eisenbahnbrücke befinden, dann taucht hinter dir die Altstadt auf. Gehe hin zu ihr und lass deinen Drachen steigen. Frage nach dem **Rote-Funken-Plätzchen**. Ignorier das Lächeln, die flüchtige Zärtlichkeit, mit der dir völlig Fremde ihre Handflächen in den Bauch pressen. Lauf weiter.

8.2. DER BAUM DER HOMOSEXUALITÄT

Rote-Funken-Plätzchen

Die Wohnung war in Stille getaucht. Das schleifende Atmen seiner Mutter drang durch den Flur und machte Anstalten, sich durch den Spalt zwischen Tür und Polyesterfußboden in **Rüdiger Buborgs** Zimmer zu zwängen. Vorsichtshalber hatte er den Spalt mit Sportstrümpfen verstopft, denn er hatte festgestellt, dass sein Zimmer morgens oft nach dem säuerlichen Atem seiner Mutter roch.

Am Tage zuvor war Rüdiger sechzehn geworden. Hatte er sich mit fünfzehn ausgemalt, wie er mit sechzehn sein würde, so hatte es ganz anders ausgesehen, als es nun tatsächlich war. Noch immer hockte er in diesem schalen Zimmer, dem selbst mit Tülltüchern und Reiterbildern kein Funken Gemütlichkeit zu entlocken war.

Mit vierzehn hatte er sich oft selbst gemalt. «Rüdiger im Glück I» hatte er auf die Rückseite des ersten Bildes gemalt. Mittlerweile stand auf dem letzten «Rüdiger im Glück 235». Weil er nicht wusste, wie man 235 auf Römisch schrieb. Auf den Bildern war Rüdiger immer in mondäner Kleidung zu sehen. Oft trug er Dinge, von denen er selbst nicht wusste, wie sie hießen, und sich fast sicher war, dass es auch an-

dere nicht wüssten. Hüte beispielsweise, die halb Turban, halb Baseballcap waren und aus denen lange schilfähnliche Alabasten ragten. Obwohl er auch nicht wusste, was Alabasten waren, sondern nur, was Schilf war.

Oft waren Gold, Tennis-Accessoires oder aber französische *ustensiles* (zu dt.: Utensilien) um ihn herumdrapiert. Häufig saß er so kunstvoll auf Sesseln, dass es ihm noch Jahre später die Tränen in die Augen trieb, denn in Wahrheit schaffte er es nur selten, so grazil wie auf diesen Zeichnungen zu wirken. Er hatte leider die Gestalt seiner Mutter geerbt. Eine zwar durch und durch *joodmütige* Frau, der man diese Gutmütigkeit allerdings auf den ersten Blick nicht gleich ansah. Wusste man es nicht besser, glaubte man, Rüdiger würde nicht ohne Vater, sondern ohne Mutter aufwachsen – und manchmal wusste er es selbst auch nicht so genau.

Er nahm das Unglück zu jener Zeit als unausweichlich hin. Unglück gehörte eben zur Pubertät wie der Hoden zum Penis. Bald schon würde er sein Abitur machen und an der Sorbonne Männermode oder Tennisologie studieren, dann käme auch das Glück zu ihm. Er würde auf Partys gehen, wo es von Mondänen nur so wimmelte. Würde Sachen trinken, deren Namen er nie in seinem Leben würde schreiben können. Trüge Sachen aus solch kostbaren Stoffen, dass sie selbst, spränge er, tanzte wild oder wälzte sich auf dem Boden, kein Geräusch machen würden. Ganz anders als jetzt, wo das Polyester seiner Bubentrikots ständig knisterte und ihn unappetitlich schwitzen ließ.

Über all diese Dinge dachte er wieder einmal nach in jener Nacht des 2. Augusts 1972, als er mit einem Mal hochschreckte – denn plötzlich war ihm etwas bewusst geworden. Gleichwohl er jede Nacht seit seinem elften Lebensjahr an nichts anderes dachte als an Mondänität und Affektiertheit, wurde ihm mit einem Mal bewusst, dass, selbst wenn er daran dachte, glücklich zu sein, er in seiner Vorstellung doch immer allein war.

Er sprang aus dem Bett, kniete sich davor und zog die

Rüdiger-im-Glück-Bilder hervor, blätterte sie hastig durch – aber tatsächlich, auf fast jedem dieser Bilder war er allein. Wenn nicht, so war es bloß ein kleiner Hund, der nicht sofort als solcher zu identifizieren war, oder aber ein Möbelstück. Aber nie ein anderer Mensch, und schon gar nicht ein *Wiev*.

Erst jetzt ging ihm auf, dass er im Grunde noch nie an ein Mädchen gedacht hatte. Vielleicht lag es an seiner Mutter, die jeden Gedanken an ein kleines bisschen Feminität sofort wieder zunichtemachte. Er hatte sie einmal nackt gesehen und gespürt, wie etwas in ihm zerbrochen war. Wochen hatte er im Bett gelegen, bleich und unmondän erbrochen. Seitdem dachte er nie wieder an Busen. Oder untenrum.

Das Licht des Mondes, das durch den Spalt der beigefarbenen Vorhänge fiel, schimmerte auf seinem mit weißem Flaum bemoosten Rücken. Rüdiger erzitterte. Weinte lautlos, damit er seine Mutter nicht mit seiner jungenhaften Traurigkeit verstörte. «Weinende Jungen machen mir Angst», hatte sie ihm einmal anvertraut. Und wer traurig wäre, müsse nur anständig Sport treiben. Denn schwitze der Mann, vergingen auch die Tränen. Der Schweiß, das wäre die Träne des Mannes. Nächtelang hatte Rüdiger Liegestütz, Kniebeugen und Sit-ups gemacht, doch geholfen hatte es alles nichts. Sein Körper war nur fester geworden, und es schien nun, als wäre dieser wie mit einem feinen, braunen Gazestoff überzogen.

Ein Knacken war mit einem Mal von draußen zu hören. Als Rüdiger nachsah, war der Platz leer. Doch wieder knackte es. Er sah, dass in der Mitte etwas von unten gegen die Oberfläche des Bodens zu drücken schien, und kurz drauf – knack-knack – platzte dieser auf, und sofort schob sich eine dunkle Kuppe aus dem Erdboden hervor. Diese thronte am Ende eines festen Stammes, der immer größer wurde. Wuchs. Wuchs. Wuchs. Bis tief in den Himmel hinein. Dort explodierte er, und seine Äste schossen aus ihm heraus. Durchzogen den Himmel wie dunkle Kapillaren. Schienen von dessen dunklem Azur zu stibitzen.

Für Minuten konnte Rüdiger einfach nur dastehen. Sah

den Baum an. *Seinen Baum*, wie er dachte. Denn es war der erste Baum, den er wirklich hatte wachsen sehen.

Schnell zog er sich seinen Hosenanzug über. Lief nach draußen, um sich zu vergewissern, dass es diesen Baum tatsächlich gab. Er sich anfassen ließ, wie alles andere auch, das es gab.

Aber ja!, da stand er. Leibhaftig. Voller Leben. In ihm schien es zu pulsieren. Ein adriges Geflecht überzog seine Oberfläche, darin Lebenssaft, wie Rüdiger vermutete.

Rüdiger konnte nicht anders – er musste ihn einfach berühren.

Ganz warm fühlte sich der Baum an. Die Rinde war wie Jungenshaut, und im Inneren des Stammes meinte Rüdiger ein Pochen zu spüren. Auch roch der Baum überhaupt nicht wie ein Baum. Sondern eher wie ein Aal. Auf der Rinde wuchsen hie und da winzige blonde Härchen, und der Stamm war mit beiden Armen kaum zu umklammern.

Während Rüdiger versuchte, sich an ihn zu schmiegen, und leise sein Lied summte, das Rüdigerlied, da wusste er, dass mit ihm etwas geschehen war.

Dieser Teil des Bildes ist eigentlich Regenbogenfarben. Bitte mal es selbstständig aus.

Heute ist dieser Baum ein beliebter Treffpunkt. Als Zeichen hat man die Regenbogenfahne ganz oben an seinem Stamm befestigt. Männer aus der ganzen Welt kommen hierher und schreiben ihren Namen an die Wand unter Rüdigers Fenster. Noch immer hat man als Zeichen der Anerkennung für das, was Rüdiger für die Community getan hat, den Vorhang in seinem damaligen Zimmer hängen lassen, sowie die weiße Sonne, die Rüdiger auf die Scheibe gemalt hat. Eine weiße Sonne vor beigefarbenem Grunde: heute ein Männerzeichen auf der ganzen Welt.

 Hebe die Arme, atme ein, atme aus und gehe dann langsam zum **Groß St. Martin**. Warte, bis du das Schlagen der Glocke hörst, dann kannst du dem Schall folgen.

8.3. DER ZUSAMMENHANG ZWISCHEN BAUCHREDNEREI UND KÖLNER DIALEKT

Wohnblock neben dem Groß St. Martin

Heute gehört die Bauchrednerei mit zum Ausgeklügeltsten, das die Menschheit je hervorgebracht hat. Und der Weltenforscher Peter H. Bricker nennt in seinem Buch *Das Ausgeklügeltste, das die Menschheit je hervorgebracht hat von 1 bis 1000* die Bauchrednerei gleich auf Platz 14 – vor der Mikrowelle, aber hinter Strom oder Sex.

Als Erfinder gilt Stefan Wachoviac, wenngleich nur ge-
mutmaßt werden kann, was ihn überhaupt dazu angetrieben
hat und wie er auf die Idee kam, eine Puppe anstatt seiner
selbst sprechen zu lassen. Und dann auch noch im Dialekt.
Denn diese Puppe sprach ausschließlich Kölsch. Vermutlich
ist es dem Umstand geschuldet, dass der Bauch weder Lippen
noch Zunge besitzt, Artikulation somit auf ein Minimum an
Kunstfertigkeit beschränkt werden muss. Es leuchtet uns ein,
dass ein Wort wie «Krott» leichter mit dem Bauch zu sprechen
ist als «kleiner Junge». Vermutlich, so glaubt man heute unter
Ventriloquismusforschern, war es die Einsamkeit, die Stefan
Wachoviac dazu getrieben hatte. Seine Eltern, Herr und Frau
Wachoviac, hatten stets Wert darauf gelegt, dass Stefan allein
war. Glaubten sie doch, es wäre die Entbehrung und die Isolation, die Genies hervorbrachte. Immer wieder rissen sie die
Tür zu seinem Verschlag auf, in der Hoffnung, aus Stefan wäre
nun etwas geworden. Dass er vielleicht etwas Besonderes
vollbringen könnte. Ein Kunststück mit den Händen, gefühl-
voll singen oder aber, er hätte ein wissenschaftliches Buch
oder Gedicht geschrieben. Doch meist saß Stefan einfach nur
da und schaute wie ein räudiges Reh. Woraufhin die Eltern die
Tür resigniert wieder schlossen und *op a wungker* warteten.

Als Stefan Wachoviac achtzehn wurde und augenscheinlich nichts aus ihm geworden war, mieteten seine Eltern eine Wohnung in dem Block am Groß St. Martin für ihn und kauften sich stattdessen einen Cocker-Spaniel namens Daniel, dem sie in kurzer Zeit allerhand Kunststücke antrainierten und mit dem sie es zu einigem Reichtum brachten.

Nun saß Stefan in seiner Wohnung, genoss es, aus dem Fenster zu sehen – eine Grünfläche mit Kunstgegenständen darauf –, und tat das, worin er es in den letzten Jahren zu einer Art Meisterschaft gebracht hatte: Er wartete.

Wenngleich er sich danach sehnte, dass jemand da war, ertrug er es doch kaum, Menschen um sich zu haben. Sie aus dem Fenster anzusehen schaffte er noch, alles andere war ihm zuwider. Von fremden Menschen ging zumeist Hektik, oft auch Unhygiene aus. Hinzu kamen die ziellosen Gespräche, die jedem Kennenlernen fast zwangsläufig vorauseilten und meist jeden Wunsch nach Freundschaft zugleich wieder zunichtemachten. Wachoviac mochte Kommunikation nicht. Sprach er, klang es, als fiele ein Dudelsack ein Treppenhaus hinunter. Nicht oft verschreckte es sein Gegenüber, glich seine Art der Artikulation in ihrer Ungestümheit doch dem, was man heute unter dem Namen Tourette kennt. Kurzum – Wachoviac war es lieber, wenn er all das umgehen konnte, aber trotzdem, vielleicht, nicht alleine sein musste.

Anfangs hegte er in seinem neuen Reich gute Freundschaften zu Brummkreiseln, Schrankeinlegeböden und der Dunkelheit des Lüftungsschachts. Schließlich, als die Sexualität ihn wach küsste, zu Staubsaugern, prallgefüllten Bettbezügen oder falschen Tieren. Und genau das war der Moment, in dem der Wunsch in ihm entfacht wurde, Freundschaft zu etwas Lebensgroßem, Menschenähnlichem zu schließen. In seinem Tagebuch *Memonimo I* schreibt Wachoviac über diesen Moment: «Ah, molg gro gro gro. Mi – Mi.»

Er begann mit Stoff- und Speiseresten zu experimentieren. Fertigte menschliche Wesen aus Fleisch und Wurst, die immer mehr dem Vorbilde seiner Eltern glichen, nur größer, wärmer und viel, viel herzlicher waren als diese. Immer echter wurden diese Gestalten. Immer perfekter ging Stefan mit seinen kleinen, geschickten Händen zu Werke – bis er schließlich Helga erschuf. Helga war ein Worthybrid aus Helge und Gabi, den Namen seiner Eltern. Helga war eine täuschend echte Handpuppe aus Elfenbein, Hack und Maskerade, die sogar mehr nach Mensch aussah, als Stefan es selbst je getan hatte. Der er Leben einhauchte durch seinen Arm, den er ihr hinten ins Gesäß schob und ihn dann derart geschickt bewegte, dass es aussah, als tanze Helga. Saß sie, war sie an Eleganz kaum zu übertreffen.

Es war das erste Mal, dass Stefan sich nach draußen traute, da Helga bei ihm war und ihn begleitete. Wollten Fremde mit ihm reden oder ihm Süßigkeiten anbieten, so trat Helga mutig vor und schrie diese in ihrer unverständlich summenden Art an, bis sie wieder verschwunden waren. Helga war es auch, die nun die Blicke auf sich zog. Und Stefan spürte, wie in ihrer Gegenwart sein Selbstbewusstsein wuchs. Wenn er die Leute tuscheln hörte, wie ein so verhutzeltes Wesen zu einer so schönen Frau kam.

Sie unternahmen Reisen in ferne Länder, ritten auf braunen Menschen, tollten halbnackt an ausländischen Stränden herum. In seinen Reisetagebüchern *F-f 1 bis 9* schreibt Wachoviac darüber: «Mmmh. Mmh.»

Vielleicht war es die Hitze. Aber Helga veränderte sich in der Ferne. Ihre Haut begann zu schwitzen, ihr Fleisch wurde grau, und ein feiner, grüner Haarbewuchs begann sie zu überwuchern, dem auch mit einem Männerepiliergerät nicht Herr zu werden war. Irgendwann fand man sie am Strand von Tenolia. In ihr steckte noch immer Stefans Arm, von Stefan selbst fehlt jedoch bis heute jede Spur.

Seltsam ist, dass man immer wieder Menschen findet, denen ein Arm im Gesäß steckt. Puppen, denen die Puppigkeit auf den ersten Blick nicht anzusehen ist. Menschen wie du und ich.

Frage: Steckt Stefan Wachoviac vielleicht hinter alledem,

was wir heute unter dem Begriff *Leben* zusammenfassen? Sind auch wir nur Puppen, denen Stefan Leben einhaucht? Steckt auch in mir Stefan Wachoviacs Arm?

Ich weiß, die ganze Zeit hast du darauf gewartet. Nun ist es endlich so weit. Gehe zum Dom. Er ist von überall aus gut zu sehen.

Zwänge dich dort durch die Schulklassen, mache Fotos mit den verrückten Studenten in den mittelalterlichen Kostümen. Vielleicht ist das ja auch etwas für dich? Und du kannst dir damit etwas Eigenes aufbauen, bei dir zu Hause in Nürnberg, Paderborn oder Bitterfeld.

8.4. MYSTISCHE MYSTERIEN I –
DIE ZEICHEN AM KÖLNER DOM

Das erste Mal entdeckt wurden die Zeichen am Dom kurz nach dem Zweiten Weltkrieg. Es war die Zeit, in der die Menschen glaubten, die Hoffnung wäre mit den Amerikanern auf und davon nach Amerika, wo sie fortan nun lebe und durchs Land streifte. «The Hope is a Hobo» war damals ein bekanntes Lied des Ausnahmecountrykünstlers Buck Luckinger. Statt der Hoffnung lebte in Deutschland die Zerstörung. Die Stadt Köln war kaputt, das Leben hart und beschwerlich. Man hatte keine rechte Ahnung, was überhaupt einmal daraus werden sollte. Wer denkt schon an Glück, wenn man Hunger hat?

Sucht man heutzutage in einer Gesellschaft, in der alles Materielle im Überfluss vorhanden ist, nach so unwirklichen Werten wie Sinn und Zufriedenheit, so suchte man damals ganz einfach nur nach Nahrung. «Oft reichte schon ein Stückchen Brot, um uns Hoffnung zu geben», schrieb Martin Bockerl in seinem Erinnerungsband *BroT: ein kleines Stückchen HOFfnung*.

Es war der Glaube, der die Menschen all das hat erdulden lassen und ihnen die Kraft gab, Deutschland wieder aufzubauen. Oft kamen die Menschen zum Dom, der zwar schwer beschädigt worden war, aber trotzdem noch stand. Dort saßen sie und warteten darauf, dass etwas geschah. Ganz gleich, was es auch war.

Karl Huber war einer der Ersten, der die Bilder auf dem Mauerwerk entdeckte und zu deuten wusste. Flecken, die so aussahen, wie man sich die Zukunft vorstellte.

Auf dieser Fotografie sehen wir beispielsweise oben ein kleines Häschen, den Bewuchs eines Zebras, sowie Rehhaut und einen Wal. Das Aufgehen der Sonne. Dazu Wellen.

Diese Zeichnungen veränderten sich, und anfangs dachte man, es hätte vielleicht bloß etwas mit der Sonneneinstrahlung zu tun. Andere wieder glaubten, im Mauerwerk selbst stecke Leben. Jedes Gebäude wäre ein Lebewesen. Es war die kurze, aber intensive Zeit der **Steinlebengruppe**, die dazu aufforderte, Häuser und andere zerstörte Bauwerke in Ruhe zu lassen. Man solle endlich damit aufhören, Nägel in das

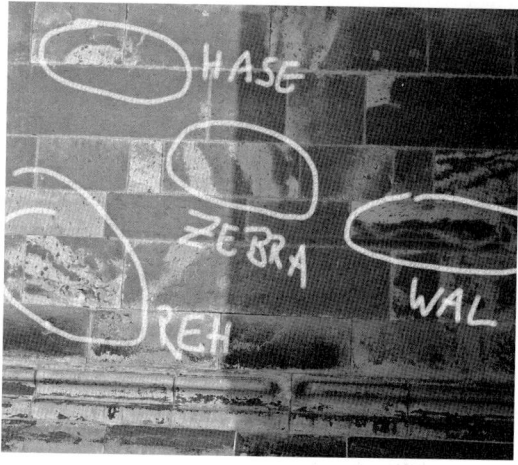

steinerne Fleisch unserer Betonfreunde zu treiben, denen durch den Krieg ohnehin schon genug Schmerzen zugefügt worden wären. Richtig durchsetzen konnten sie sich nie. Ein Teil ließ es irgendwann einfach bleiben, der Rest teilte sich in Untergruppen auf, aus denen später die **Veganbewegung** und die **Fruktarier** hervorgehen sollten – mit wesentlich mehr Erfolg.

Diese Flecken veränderten sich jeden Tag – und tun es auch heute noch! Man entdeckte schließlich, dass sie eine Art Prophezeiung darstellten. Denn kurz nachdem man einen der Flecke als Zebra gedeutet hatte, tauchte tatsächlich ein Zebra in Köln auf. Es war der Vorbote der großen **Zebraschwemme von '48**, deren Phänomen bis heute ungeklärt ist. Auch ein Wal trieb wenig später tatsächlich im Rhein. Die Kölner zogen ihn raus, teilten sein Fleisch unter der Bevölkerung auf und überstanden so die harten Jahre der Entbehrung.

Der traurige Einsturz des Stadtarchivs 2009 wurde ebenfalls durch Flecken am Dom Tage vorher aufgezeigt. Doch die Zeit ist natürlich eine ganz andere. Heute ist alles so übertechnologisiert, dass niemand mehr an die Flecken eines Gebäudes glaubt. Das Internet löste den Kölner Dom ab, und nur noch wenige interessieren sich für dessen Prophezeiungen – wenngleich sie alle eintreffen.

Auch Dompropheten, wie es sie früher zuhauf gab, sind heute kaum noch anzutreffen. Dompropheten, das waren Männer mit kleinen, gelben Wagen, die vor dem Dom auf Kundschaft warteten. Der Klient hatte sich auf das Gefährt zu setzen, die Augen zu schließen, während der Prophet mit ihm die Mauern des Doms abfuhr, bis dieser *Stopp* rief. An der Stelle blieb man stehen, und der Prophet fuhr mit dem Zeigestab die Zeichnung auf dem Mauerwerk ab und deutete so die Zukunft des Ratsuchenden.

 Nun suchst du die **Komödienstraße** und folgst dieser, bis daraus die **Zeughausstraße** wird.

8.5. DIE GASSE DER NACKTEN

Zwischen Burgmauer und Zeughausstraße

Natürlich ist es ein zweifelhafter Brauch, der heute auch kaum noch praktiziert wird, aber damals, im Köln des 19. Jahrhunderts, war er gang und gäbe und schockierte die Welt. Früher war Nacktheit, anders als heute, nicht nur verpönt, sondern auch per Gesetz verboten. Die Menschen waren einfach nicht nackt. Nie, und für die Dinge, für die es sich gar nicht vermeiden ließ, dass man hier und da ein kleines Loch preisgab, wurden Öffnungen in die Kleidung genäht, die keinen Namen trugen, da niemand darüber redete. Gleich nach der Geburt wurden die Menschen in weiße Anzüge aus Gaze und Elastin genäht, die mit ihnen mitwuchsen und mit denen man am Ende seines Lebens auch bestattet wurde. Man nannte sie Leberale, Futterale fürs Leben.

Die Menschen waren zu jener Zeit in ihrem ganzem Leben nur für den Zeitraum einer Viertelstunde nackt – von dem Moment, in dem sie aus dem Schoße ihrer, im besten Falle, Mutter kamen, bis zu jenem Moment, in dem die Säckerin das Baby in einen der Säcke genäht hatte. Weiße, einteilige unterwäscheartige Overalls, die Gesicht sowie Hände und Füße freiließen.

Diese langweilige Geschichte erzähle ich nur, damit du dir vorstellen kannst, was das überhaupt für eine Zeit war. Menschen waren schon hingerichtet worden, nur weil sie ihren Bauch gezeigt hatten. Oder aber ein schönes Stückchen Armhaut, die zur damaligen Zeit ähnlich anrüchig und erregend wirkte, wie heute eine blanke Brust oder ein entblößtes Gesäß. Es gab sogar sogenannte Armhautfilme. Dabei handelte es sich um mehrere Aufnahmen eines Armes, der von Bild zu Bild mehr entkleidete Armhaut präsentierte, die manchmal behaart, später gerne auch rasiert daherkam. Das Ganze funktionierte nach dem Prinzip eines Daumenkinos, nur dass alles wesentlich größer war und es einen Menschen gab, der als Daumen fungierte.

In dunklen Räumen zeigte man diese, oft nicht länger als drei, vier Sekunden dauernden Filme, wieder und immer wieder. Die Zuschauer saßen währenddessen da und kneteten sich. Auch das war natürlich verboten, und immer wieder kam die Gendarmerie und schoss in die sich knetende Menge. Eine furchtbare Zeit, wirklich.

Selbst Bücher, in denen nur von Haut die Rede war, wurden verboten und verbrannt. Antike Werke, in denen, wie es in der Antike nun einmal so üblich war, jeder so nackt war, wie er nur konnte, durften nicht angesehen werden. Stattdessen schuf man gesittetere Varianten, in denen die Nacktheit weiß übermalt worden war.

Doch wie so vieles war auch das in Köln ein wenig anders.

In Köln war es Brauch, so wie wir uns heute festlich anziehen, bei besonderen Anlässen nackt zu sein. Anderenorts verboten, wurde das Nacktsein hier in Ausnahmefällen von der Kölner Polizei toleriert. Bei Hochzeiten beispielsweise zog man sich nach dem Essen aus und tanzte verrückt. Dies galt dem Brautpaar zum Gruße und sollte Glück bringen. Und vielleicht tat es das auch wirklich, waren zu jener Zeit die Scheidungsraten doch wesentlich geringer als heute, wo man sich einfach nur in Festgarderobe betrinkt.

Am Ende der Hochzeitsfeier bildeten die Menschen eine nackte Gasse. Nicht nur die, die eingeladen worden waren, sondern auch Wildfremde kamen, und je länger die Prozession dauerte, umso mehr standen dort und bildeten ein Spalier. So eng, dass es fast unvermeidlich war, dass das Brautpaar die Nackten berührte. Gerade in einer Zeit der Mühsal war man für jeden Augenblick der Erleichterung dankbar, mochte er auch noch so flüchtig sein.

Meines Wissens erinnert eben dieses Bauwerk daran. Eine Gruppe Nackter, die ein Spalier bildet, für den, der von der *Zeughausstraße* zur *Burgmauer* geht oder umgekehrt.

Folge nun der **Zeughausstraße** oder der **Burgmauer**, die beide zur **Magnusstraße** werden. Dieser folgst du, bis es rechts in den **Friesenwall** geht.

8.6. THE SOUND OF COLOGNE

Friesenwall

Eine Welt ohne Strom ist für uns heute kaum noch vorstellbar, würde sie doch Kälte und Dunkelheit nach sich ziehen, was im Grunde ja auch nur Metaphern für Hass und Orientierungslosigkeit sind. Der Strom ist eigentlich eine Erfindung des Afrikaners, die der Amerikaner diesem für teures Geld abgekauft hat, um den Strom zu vermehren und gewinnbringend zu verkaufen. Mitte des 20. Jahrhunderts warf der Amerikaner in sogenannten **Strombrücken** Kisten ab, in denen sich etwas Strom befand. Kleine Portionen, erst kostenlos, mit denen er uns vom Strom abhängig machen wollte, bis wir nicht mehr ohne ihn konnten. Ein Plan, der aufging.

Strom, das war Luxus, ein Privileg, und die meisten Menschen mussten weiterhin ohne ihn auskommen. Anfangs. Es waren die **Stroman-Brothers**, die schließlich riesige Leitungen unter dem Pazifik quer durch Holland bis nach Deutschland verlegten und uns Strom anboten. Noch immer teuer, aber erschwinglicher als zuvor, als der Strom mühsam mit Flugzeugen und Schiffen nach Deutschland gebracht werden musste.

«Strom an», schrie jemand der Überlieferung nach, meinte aber wohl den Namen der Brüder. Doch dieses «Strom an» blieb bestehen, und der Name Strom hat sich bis heute gehalten. Auch die Redewendung «Strom an» ist Teil unseres Alltags geworden, wenngleich sie heute oft im übertragenen Sinne gebraucht wird. «Strom an», rufen wir etwa, wollen wir ausgelassen feiern.

Seither ist Strom im Grunde im Überfluss da. So viel, dass, wer das Geld dafür hat, oft gar nicht mehr weiß, wohin mit alledem. Heute sparen wir wieder Strom, doch früher dachte man, Strom, das wäre wie Wasser, es würde nie versiegen. Und so gab es für uns moderne, ökologisch geprägte Menschen seltsam anmutende Bräuche: Reiche etwa besaßen ein Zimmer, in dem immer Licht brannte. Unzählige Glühbirnen, die Tag und Nacht leuchteten und einmal pro Woche ausgewechselt werden mussten. Ein heller Raum stand für Reichtum und Verschwendung – damals durchaus Werte, nach denen es zu streben galt. Es war die Zeit der sogenannten **Stromschickeria**, die so verschwenderisch mit Strom umging, dass sie nach immer neuen Möglichkeiten suchte, wie sie mit bis dahin völlig stromlosen Dingen Strom verbrauchen konnte, nur um modern zu wirken. Zu jener Zeit entstanden die ersten **Elektrobücher**[18], die sich selbständig umblätterten. Es gab Stromtiere, Stromkäse, Stromschmuck, Strompullover, Stromliebe und eben **Strommusik**.

Hier in Köln fing man damit an, Strom in Musik umzuwandeln und ihn so hörbar zu machen. Bands wie **Stromer** oder **Apfelkat AC** machten diesen neuen fetzigen, aber auch gefährlichen Sound berühmt als den **Sound Of Cologne**. An jedes noch so folkloristische Instrument wurde Strom angeschlossen, um zu sehen, wie sich der Klang dadurch veränderte. Eine gefährliche Zeit. Gerade als es um elektrische Blechblasinstrumente ging. Es starben viele bei dem Versuch, Teil dieser Szene zu sein. Nicht zuletzt machte vermutlich gerade das den Reiz dieses Sounds aus – er war gefährlich.

Im **Club Voltaire** im Friesenwall begann man frühzeitig, diese neuartige Musik zu spielen, die immer mehr Leute anzog. Die Szene trug damals Kleidung aus Polyester, die beim Tanzen ebenfalls Strom erzeugte. Toupierte sich die Haare, um einen Stromüberschuss vorzutäuschen. Trank ionisierte Cocktails, trug Kleidung mit Blinklichtern. Die Taschen voller Batterien, an denen man leckte – eine Weile war die Batterie tatsächlich Zigarettenersatz.

Eine verrückte Zeit, die abrupt endete, als man dahinterkam, wie Strom eigentlich entstand. Und dass Strom nicht nur der Freund des Menschen ist, sondern auch sein Feind

18 Die seltsamerweise auch heute wieder auf den Markt kommen sollen.

sein kann. Seitdem gibt es viele Stimmen, gerade neuerdings, die fordern, man solle ihn abschalten. Abschalten und wieder durch Feuer und Tiere ersetzen. Das finde auch ich.

 Nun ist es schwierig. Frag mal wen, bitte. Es geht in die **Kolumbastraße.**

8.7. KOLUMBA

Kolumbastraße

Für die Emanzipation ist das Jahr 1492 so bedeutend wie kein anderes, ist es doch das Jahr, in dem der Wettlauf der Geschlechter entschieden wurde, dessen Ausgang noch Auswirkungen auf die nächsten Jahrhunderte haben sollte. Wie wir wissen, war es der Mann, der gewann und dadurch die Frau in eine untergeordnete Rolle drängte, aus der sich zu befreien sie viele Jahre brauchen sollte. Und wer weiß, ob aus dieser Welt nicht eine bessere geworden wäre, wäre 1492 alles anders gekommen.

Heute kennt die ganze Welt Christoph Kolumbus, aber an Gabriele Kolumba erinnert sich niemand mehr. Wie Kolumbus war auch Kolumba ein Künstlername, den sich beide – witzigerweise – unabhängig voneinander gaben. Ein *Kolumb* war ein scheibenförmiger Vorläufer des Globus. Deshalb.

Gabriele Kolumba war die erste Seefahrerin der Welt. Geboren wurde sie in Köln-Deutz, von wo aus sie sich aufmachte, die Welt zu entdecken. Zu jener Zeit dachte man, die Welt bestünde aus Köln, dem kleinen Stückchen Rhein, der es teilte, der Rest wäre Wald. Hinter dem Wald befände sich Wasser. Was dahinter kam, war man unfähig, sich vorzustellen. Man glaubte an göttergleiche Feenwesen, die herumsprangen und mit bunten Gegenständen jonglierten, auf Fabelwesen ritten, in einer Sprache miteinander kommunizierten, halb Singsang, halb Gereimtem – der Hiphop der Vorzeit. Außer Himmel, Wasser, Wald, Köln und Feen kannte man im Grunde kaum etwas.

Es häuften sich jedoch die Gerüchte, dass die Sache mit dem Wald und dem Wasser nur bedingt stimmte. So schön es in Köln auch war, aber etwas musste es da doch noch geben. Zumal immer wieder Lebewesen auftauchten, die des Nachts aus dem Wald traten. Schwarz-weiß gemusterte Pferde, nackte, übergewichtige Feen mit fettigen Haaren, die von einem beschwerlichen Fußmarsch durch bewaldetes Gebiet zeugten. Bis dahin hatte sich niemand getraut, mal nachzusehen.

Es war Kolumba recht früh klar, dass, wenn sie berühmt werden wollte, dies ihre einzige Chance war. Zum Tanzen taugte sie nicht, für Handarbeiten waren ihre Hände viel zu groß, das Jagen war den Männern vorbestimmt, am Prozess des Kinderkriegens war ihr gerade die Vorstufe im Großen und Ganzen zu unhygienisch.

Gabriele Kolumba war eine behaarte Dralle, die auf den ersten Blick nur bedingt als Frau zu erkennen war und deren wahres Geschlecht sich erst im weiteren Gespräch offenbarte, denn trank sie zu viel, neigte sie oft zu Gefühlsüberschwang. Hinzu kam, dass dann auch ihre Vorliebe für das Streicheln

von kleinen Blumen zutage trat, die sie sonst gut zu verbergen wusste – was auch vonnöten war, denn die Welt der Matrosen war nicht gerade eine Welt der Gefühle. Der Matrose trank, war er traurig. Der Matrose trank, war er glücklich. Der Matrose trank, ging es ihm wie allen anderen auch. Überstieg eins der Gefühle einen gewissen Bereich, begann er Lieder über trinkende Matrosen zu singen.

Es war eine harte Welt, in der Kolumba sich behaupten musste, und nachts, wenn alle schliefen, sie allein am Ruder stand und das Schiff steuerte, holte sie ihr kleines Blümelein aus dem Beutel und streichelte es, um sich vollzusaugen mit Zärtlichkeit und die Grobschlächtigkeit der nächsten Tage aushalten zu können.

Wie Kolumbus stach auch Kolumba am 3. August 1492 in See, aber während Kolumbus nach nur drei Tagen Reise durch einen Bruch des Steuerruders zu einen einmonatigen Aufenthalt auf den *Kanarischen Inseln* gezwungen wurde, kam Kolumba recht gut durch. Den Rhein ging es hinauf bis zur Nordsee und von da dann links bis nach Amerika.

Kolumba erreichte Amerika sechs Wochen vor Kolumbus. *Die neue Welt,* wie sie es nannte. Sie sah sich alles an. Malte, was sie gesehen hatte: die Indianer, die Cowboys, die ganzen Pferde und so, packte dann alles wieder zusammen und fuhr zurück, um sämtliche Kölner zu holen, damit sie übersiedelten.

Leider sank Kolumbas Schiff auf der Rückfahrt samt Besatzung und der Amerikabücher, und so war es Kolumbus, der den ganzen Ruhm für die Amerikasache einheimste.

Die ganze Welt hat Kolumba vergessen. Nur Köln nicht. Hier gibt es eine Straße, die nach ihr benannt ist, sowie ein Haus. Und am Emanzipationstag, am 3. August, ziehen Tausende von Frauen durch die Straße und schneiden Männern die Krawatten ab, bevor es dann saufend in den Rhein geht, den man symbolisch ein Stück in Richtung Amerika schwimmt.

 Nun ist es leicht. Folge der **Brückenstraße**, bis du auf die **Marspfortengasse** gelangst. Wenn du magst, kannst du von dort auch noch zur **Hohe Straße** gehen. Musst du aber nicht.

8.8. KÖLN UND DIE PELZE

Hohe Straße und Marspfortengasse

«A world without any animals, that we can touch and hug, is a sad, sad world, I can tell you», sagte schon der vegane Musiker **Fran Lockley** dem Magazin *Vegans or gar nicht*, und ganz ähnlich empfinde auch ich. Mit Liebe wüsste man doch kaum etwas anzufangen, wenn man nicht hin und wieder mal bei einem Tier anlangen dürfte. Nackt auf Pferden zu reiten, mich von Schafen durch die Savannen ziehen zu lassen oder aber mit kleinen Tieren zu jonglieren – all das sind Dinge, die für mich das Leben erst lebenswert machen, und eine Welt ohne Tiere wäre eine kalte, sterile Welt.

Lange Zeit war der Menschheit zwar bewusst, dass ihr etwas fehlte, aber niemand wusste, was. Viele glaubten, es wäre der Fortschritt und die Schnelligkeit. Man nahm tatsächlich an, je schneller man von A nach B käme, umso glücklicher würde man an Ort B werden. Später dann hielt sich der Glaube – Irrglaube –, es wären Gespräche mit möglichst weit entfernt lebenden Menschen, die das Paradies wären. Ein ausgemachter Schwachsinn, wie man heute weiß, wo wir all das können, doch unglücklicher sind als je zuvor.

Es sind die kleinen Freuden, die kleinen *behaarten* Freuden, die uns glücklich machen. Ich bin froh, heute zu leben, in einer Welt, in der es mehr Tiere als Verstand gibt.

Damals, so sagte man im Volksmund, strich das Unglück durch die Straßen und veränderte die Leute. Überall sah man Menschen an Fenstern stehen und weinen, was wiederum die, die es sahen, nur noch trauriger machte, sodass auch sie begannen zu weinen. Zu lamentieren. Der Suizid war der König des Landes und die Traurigkeit sein Gefolge. Er schwadronierte durch die Straßen und richtete sein Zepter wahllos auf die Häuser der einsamen Melancholiker, die dort ohne Aufgabe, ohne Sinn und mutterseelenallein hockten und darauf warteten, dass etwas geschah. Dass jemand klingelte.

Oder aber wenigstens ein Brief eintraf, in dem man ihnen mitteilte, dass nun alles anders werden würde: Vielleicht würde man sich wundern, dass man ihnen schriebe, aber man wäre Besitzer von 350 Millionen Dollar, an die man zur Zeit leider noch nicht herankäme, aber bald, bald schon ...

Doch nichts geschah. Wenn jemand kam, so war es nur der König Grau mit seinem Zepter, der einen verzauberte.

Auf wen das Tier letztendlich zurückgeht, lässt sich heute nicht mehr sagen. Aber man erinnerte sich irgendwann der Dinosaurier, die es einmal gegeben haben sollte, und wenngleich das alles nur eine Sage war, so war die Idee eines Lebewesens, das uns zwar die Einsamkeit vertreibt, mit dem wir aber trotzdem nicht ständig reden müssen und dem es nichts ausmacht, wenn wir betrunken und spät nach Hause kommen – das er sich sogar darüber freut –, eine verdammt gute Idee!

Freilich, um so etwas Großes wie einen Dinosaurier zu schaffen, reichte der Platz eines Hauses nicht aus. Man brauchte kleine Dinosaurier, die sich darüber hinaus weich und sympathisch anfühlten und deren Beschaffenheit eher der von Moos gleichkam als der von trockener Schuppenflechte.

Noch immer verfügte die Stadt Köln über ein großes Pelzvorkommen. Pelze, die das Hochwasser anspülte, von denen man aber weder wusste, woher sie kamen, noch um was es sich dabei eigentlich handelte. Anfangs glaubte man, es wären die Haare – die Skalps, wie der Indianermann sagt – von sehr, sehr großen Menschen. Doch entdeckt hat man – toi, toi, toi – bis heute noch keinen von diesen Riesen. Trotzdem bleibt die Angst ...

Pelze trugen zu jener Zeit nur die Armen. Wie auf dem Foto, wo man den Gegensatz zwischen Arm und Reich gut sehen kann.

Wer etwas auf sich hielt, der band sich Pariser Kopftücher um, trug lange, gemusterte Schürzen namens *tablie*, Gewänder aus teurem, en voguen Polyester und lange Stöcke, wie es in Mailand als *très chic* galt. Dazu Strumpfhosen in der Farbe gesunder Beine und Schuhe, die halb nach Ballsaal, halb nach Arbeitslager aussahen.

Der Pelz, das war der Hering der Kleidung. Billig, im Übermaße vorhanden, und niemand mochte ihn so richtig. Denn was umsonst vom Rhein angetrieben wurde, das konnte einfach nicht gut sein. Dies sollte sich jedoch schlagartig ändern.

Es war **Hans Tirlischer**, der als Erster mit Pelzen und Motoren herumexperimentierte. Er wohnte lange in der *Marspfortengasse*. Allein. Natürlich.

Die ersten Tiere, die Hans Tirlischer schuf, waren Fellstücke, die sich ein kleines bisschen bewegen konnten, eine Art lautes Ruckeln. Tiere waren damals noch lauter, was hauptsächlich an den Elektromotoren lag, die, anders als heutige Elektromotoren, mit Benzin betrieben wurden. Die ersten Tiere stanken, und giftige Abgase traten aus. Das Tier, das war das Rauchen der Vergangenheit, und schließlich wurden die stinkenden Elektromotoren durch Batteriemotoren ersetzt, die wesentlich leiser und vor allem gesünder waren. Diese

Links: arm, rechts: reich

Tierkonstruktionen wurden mit der Zeit immer ausgefeilter, und waren die ersten Tiere nur flache Pelze, die hin- und herrobbten, so wurden sie im Laufe der Zeit immer größer und menschenähnlicher. Erhielten Augen, in denen sich Kameras befanden, mit denen sie ihre Besitzer erkennen und auf diese mit Wackeln oder Springen oder Ähnlichem reagieren konnten. Berührte der Besitzer sie, gaben sie Geräusche von sich, die zu jener Zeit zwar allesamt metallener klangen als heute, aber ansonsten ganz ähnlich waren. Einfältige Laute wie «miau», «wau», «muh», «mäh» – sie alle entstanden bereits vor vielen Jahren.

Irgendwann beschwerten sich die Leute, dass die Tiere nichts machten. Sie bräuchten doch eine Aufgabe. Und so wurden Öffnungen in die Tiere geschnitten, in die man regelmäßig gekochte Nahrung einfüllen musste. Diese wurde in ihnen umgewandelt und kam als stinkender Dreck wieder hinaus, der dann vom Besitzer eingesammelt werden musste.

Heute gibt es ganz unterschiedliche Tiere wie Schafe oder Kühe mit verrückten Fellbewüchsen, unterschiedlichen Köpfen und Eigenschaften. Fast jeder besitzt heute ein Tier oder hegt zumindest den Wunsch danach. Und hätte Stefan Möbius die Liebe nicht erfunden, vermutlich gäbe es noch mehr und bessere Tiere.

Zur nächsten Station musst du am besten trampen. Es geht nach **Köln-Weidenpesch**.

Oliver Uschmann und Sylvia Witt sind gerngesehene Gäste in Köln. Wann immer sie hierherkommen, feiert man sofort ein Fest mit Schnaps und Kölsch. Die Leute ziehen sich an wie die beiden, rasieren sich die Haare, tragen kleine Brillen.

Ein Fest, das nicht selten so lange geht, bis die beiden wieder abreisen. Kaputt, aber glücklich schleift man sie, wie es in Köln Brauch ist, an den Beinen zum Rhein und hindurch und legt sie dann in einen Zug nach irgendwo, mit etwas Kleingeld und dem Wunsch, sie mögen bald wiederkehren.

Die beiden kennen unzählige Geschichten über Köln, und es scheint, als würde demnächst eine große Kölnromanschwemme über uns kommen. Ein Roman zu jedem Stadtteil, so das Projekt, das Oliver mir vor kurzem großspurig ankündigte. Sylvia hätte schon überall Fotos gemacht – praktisch Street-View auf sympathisch. Wir dürfen gespannt sein. Hier ein Anfang:

8.9. NEUSSER STRASSE 592A, KÖLN-WEIDENPESCH

Ein Gastbeitrag von Oliver Uschmann und Sylvia Witt

Es gibt Gebäude, die Arbeit machen. In ihnen stecken Stunden, Tage, Wochen und Jahre der Plackerei. Man sollte meinen, in Köln sei der Dom der Rekordschlucker menschlicher Lebenszeit. 1248 wurde sein Grundstein gelegt, und er ist immer noch nicht fertig! Noch heute wird in seinen Spitzen gebildhauert; erst neulich brach seiner gigantischen Glocke, dem dicken Pitter, der Klöppel ab. Der Dom ist die «ewige Baustelle», und die Kölner lieben ihn dafür, denn sie haben gern zu tun. Was sie allerdings nicht wissen: Es gibt ein Gebäude in ihrer Stadt, das den Dom als Energiesauger noch bei weitem übertrifft: die unscheinbare, denkmalgeschützte Nummer 592a auf der Neusser Straße, genau gegenüber der

Einmündung zur Schmiedegasse. Dieses Haus hat eine Seele, und diese Seele heißt Hildegard. Hildegard hat eine Tochter, Susanne, die ihr jeden Wunsch erfüllt. Kommt sie mit ihrem aktuellen Freund zu Besuch, zückt Hildegard nach dem Kaffee mit verschämtem Blick einen Zettel, der das Leben dieses Mannes schlagartig verändert. Es handelt sich dabei um die «kleine Liste, was zu tun wäre, aber nur wenn ihr Zeit habt, sonst nächstes Mal». Ist diese Liste gezückt, kommen Tochter und Freund für Tage nicht mehr heraus. Der Freund kehrt danach nie mehr nach Weidenpesch zurück, weswegen wir die «kleine Liste, was zu tun wäre, aber nur wenn ihr Zeit habt, sonst nächstes Mal» auch gerne als «Schwiegersohntestbogen» bezeichnen.

Nicht nur Hildegard, sondern auch das Gebäude selbst macht Arbeit. Vor 30 Jahren sagte der Schreibwarenhändler gegenüber dem Haus ein schnelles Ende voraus. Hildegard kommentierte das Geschwätz des Schulheftschacherers mit Artikel 9 des Kölschen Grundgesetzes: «Was soll dä Käu?» Auf Hochdeutsch: «Was soll das sinnlose Gerede?» Heute sagt sie stattdessen «Was soll dä Kau?», denn der aktuelle Besitzer heißt tatsächlich Herr Kau. «In drei Monaten haben wir das fertig», sagte er vor dreieinhalb Jahren. Heute trifft man ihn weinend im Hausflur zwischen den Rigipsplatten.

Ist die Tochter nicht verfügbar, stellt Hildegard sich auf die Straße und spricht Passanten an. «Kennen Sie sich mit Windows aus?», fragt sie dann oder: «Können Sie einen Herd anschließen?» Bejaht jemand diese Fragen, zieht sie ihn zügig ins Haus. Ist alles in ihrer Altbauwohnung zu ihrer Zufriedenheit, fragt sie die Vorübergehenden ganz allgemein: «Was machen Sie denn so beruflich?» Es spielt keine Rolle, welche Antwort sie geben. Sobald sie überhaupt etwas sagen, werden sie bereits die Treppe hinaufgezogen. Mehrere Buchpreisträger haben auf diese Weise in Hildegards Wohnung ihre literarischen Monolithen verfasst; zahllose Musiker ihre schwärzesten Platten geschrieben. Einem Tierarzt, der ihr von März bis Mai 2007 ins Netz ging, brachte Hildegard zahlreiche

unkastrierte Katzen, die sie entlang der Neusser Straße auf-
sammelte; im kleinen Waldstück vor der ehemaligen Glanz-
stoff AG fand sie in der Nacht sogar eine verwundete Eule.
Im Sommer 2009 gelang ihr der Fang eines Feinschmecker-
kochs – ihn entließ sie erst, nachdem er ausnahmslos jedes
Rezept aus ihrer Kochbuchsammlung zubereitet hatte.

Das Prachtstück von Hildegards Altbauwohnung ist der
maßgefertigte Schreibtisch, den ihre Tochter ihr mit ihrem
Schwiegersohn gebaut hat. Als der Mann nach Susannes Bitte, ein zweites Mal zu ihrer Mutter zu fahren, klaglos ins Auto
gestiegen war, rief sie auf dem ersten Rasthof ihre Mutter an
und bat sie, schnell einen Standesbeamten von der Straße zu
holen; sie käme in einer Stunde an, es hieße nun «jetzt oder
nie!». Kurz nach der Hochzeit baute der Mann mit Susanne
den Schreibtisch, es war Dezember, das in der Garage ge-
schliffene Holz musste unter fließendem Wasser am Außen-
hahn abgespült werden und gefror ihm auf den Händen.
Die Montage in Köln dauerte von 18:25 Uhr bis 7:35 Uhr am
nächsten Morgen. Hildegard stand in ihrem dünnen Nacht-
hemdchen, vor Kälte und Müdigkeit zitternd, in der Tür und
flüsterte: «Ihr armen, armen Kinder. Ihr tut mir so leid.»

Einige Zeit später kehrte der klaglose Mann ohne das Wissen Hildegards oder seiner Frau in die Neusser Straße zurück, um sich mittels der Aktion «Saufen und Laufen» zu beweisen, dass ein Leben als echter Kerl auch in dieser Straße möglich ist. Mit zwei alten Freunden nahm er sich vor, in jeder Kneipe auf der kilometerlangen Straße ein Kölsch zu trinken. Schon im Stüsser, der Hausnummer 47, einem herrschaftlichen Eckbau mit großen Leuchtern und Speisen, die «Halve Hahn» oder «Himmel un Ääd» heißen, verlor er Teile seines Gedächtnisses. Im Gasthaus Em Golde Kappes, dem authentischsten aller Kölner Brauhäuser mit der Hausnummer 295, rutschte er zwischen Trittstange und Theke und blieb dort einfach liegen. Der Köbes half seinen Freunden, ihn zum Taxi zu tragen; diese legten ihn vor die Tür seiner Schwiegermutter, klingelten und suchten das Weite. Am Morgen wachte er neben zwei Kerlen auf. Hildegard brachte Kaffee und erklärte ihm, es seien Landschaftsgärtner. Sie habe sie gestern gefangen, wüsste aber nichts mit ihnen anzufangen. Der Schwiegersohn lallte nur «Was soll dä Käu?» und verneinte ihre Gegenfrage, ob er den Vermieter meine. Da ging Hildegard ein Licht auf. «Ach, du meinst den Koi!», sagte sie, und so huben die Gärtner ihr hinter dem Haus einen Teich aus, in dem heute japanische Edelfische schwimmen.

9. DIE KLEIN-STADT

Jeder scheint zu glauben, es seien die Metropolen, die das Gesicht eines Landes prägten. Dabei sind es in Wahrheit die Kleinstädte, und ich finde es völlig irrsinnig, dass jeder Tourist sich ständig Großstädte ansieht, aber die kleinen Ortschaften völlig übersieht. Dabei ist es doch die Kleinstadt, die die Großstadt mit immer neuen Menschen versorgt. Mit Kleinstädtern, die in ihr zu Großstädtern reifen, um später aktiv die Urbanisierung voranzutreiben. Denn so schön Städte wie Hamburg, Berlin oder München auch sein mögen, geboren wird dort im Grunde niemand. Frei nach dem Motto: Hinter jeder großen Stadt steht mindestens eine kleine, zeichnet sich der Großstädter fast ausnahmslos durch eine Kleinstadtvergangenheit aus, der zu entfliehen er sich einst in die Großstädte aufgemacht hat, nur, um dort angekommen, etwas von seiner Provinzialität an diese abzugeben. So wird der Kampf der Großstädte um Fortschritt und Modernisierung in einer Art umgekehrten Gentrifizierung durch das ständige Zuziehen immer neuer Kleinstädter aufgehalten, wenn nicht gar sabotiert: Denn der Kleinstädter, das ist der Sand im Getriebe der Großstadt.

Ich möchte nun, dass du dir eine Kleinstadt ansiehst. Am liebsten wäre es mir, wenn du Langenhagen besuchst. Denn Langenhagen ist nicht nur eine

der schönsten Kleinstädte Deutschlands, nein, es ist auch der Ort, an dem ich aufgewachsen bin und der mich zu dem Menschen gemacht hat, der ich heute bin. So lernst du nicht nur das Land besser kennen, sondern auch mich. Und meine Eltern, die dort noch immer leben und dich mit offenen Armen empfangen werden. Ich habe angekündigt, dass du kommst, und meine Mutter hat sofort gesagt: «Das ist doch schön, Junge.»

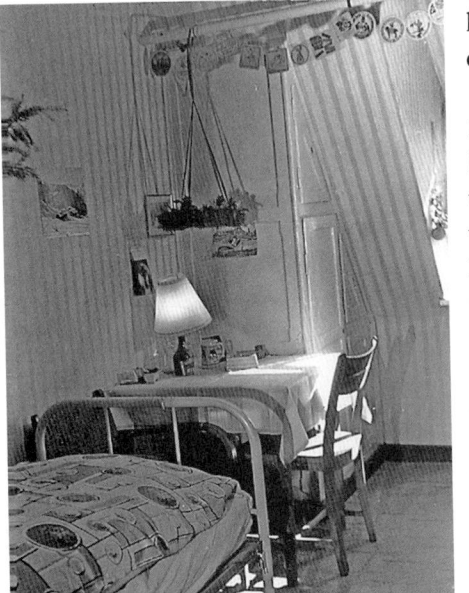

Mein Kinderzimmer ist auch heute noch so eingerichtet wie an dem Tag, als ich es verließ. Sogar das liebe Lämpchen brennt noch und wartet auf meine Rückkehr. Heute bin ich oft sehr glücklich, aber so großes Glück wie in diesem Zimmer wurde mir nie wieder zuteil. Auf dem Foto gut zu erkennen: die gestreifte Tapete, damit das Zimmer schlanker wirkt, ich darin größer. Außerdem: die Bierdeckelsammlung, die quer durchs Zimmer hängt und sofort Puppenlustigkeit verbreitet, die auch noch heute fester Bestandteil meines Wesens ist. Dazu eine Bettwäsche mit psychedelischen Muster, die mir die Drogen erspart hat.

Du kannst – nein, du musst, bitte – dort eine Nacht verbringen. Mutter hat meinen Pferdepyjama rausgelegt. Leg dich in ihm in mein Bett und warte, dass Vater dir ein Glas Milch und ein halbes Hähnchen ans Bett bringt. Ein Ritual, das mich prägte. Später werdet ihr das «Gewehrlied» singen, auch das ein typisch Amtsberg'scher Brauch.

Am Morgen wird es klingeln, und ein als Junge verkleideter Mann mit kurzen Hosen und rasierten Beinen wird kommen und dich zur Schule abholen wollen. Nimm seine Hand und laufe mit ihm durch die Straßen meiner Kindheit. *Sonnenweg, An der Autobahn* – das klingt doch idyllisch, oder nicht? Nicke hin und wieder, wenn er vom Schießen erzählt, erzähle selbst etwas von Winnetou.

Den Nachmittag verbringst du im Einkaufszentrum, dem CCL, ein aus Stahl und Tristesse konstruiertes Meisterstückchen, in dem ich – warum auch immer – viel Zeit verbracht habe. Als Heranwachsender in einer Kleinstadt hat man ja immer viel mit Langeweile zu tun und der Suche nach Orten, die einem ein wenig Großstadt vorgaukeln. Und in jeder Kleinstadt ist meist das Einkaufszentrum der Ort, der der Großstadt am nächsten kommt. Auch wir haben uns Städte wie Hamburg oder München im Grunde immer wie das CCL vorgestellt – halt nur ohne Dach.

Dort sitzt du und lässt Spucke vom Parkdeck laufen, trinkst sehr süßen Kaffee oder fährst mit dem Fahrstuhl in den ersten Stock und lehnst dort – möglichst lässig – an der Brüstung. Irgendwann wird ein Mädchen kommen und dich dort abholen, um mit dir in den Wald zu gehen. Als Mann wirst du aus diesem Forst der Dunkelheit wieder zurückkehren. Dann suchst du dir Arbeit sowie eine Wohnung. Hier ein Foto meiner ersten Wohnung:

Es ist eine typische Kleinstadtwohnung, von der aus man alles gut sehen, aber auch gut gesehen werden kann. Denn die Anonymität ist der Feind des Kleinstädters, er hat Angst davor, vergessen zu werden. Er genießt es, wenn fremde Menschen kommen und ihm bei seinem Tagewerk zusehen, wie er einfach nur herumsitzt, wartet und seine Kleinstadtgerichte kocht.

Auch du wirst dort sitzen und dir überlegen, was du nun eigentlich mit deinem Leben anfangen möchtest. Ob du in den Entwicklungshilfebereich gehst oder doch eher etwas mit Forschung machst. Immer wieder wird das Telefon klingeln, und man wird dich danach fragen. Entgegne, du wüsstest es noch nicht, irgendwas würde schon aus dir werden. Vielleicht etwas mit Accessoires und/oder Farben.

Doch dann: *dingdong*. Ein Wesen halb Reh, halb Pudel wird eines Tages an die Scheibe klopfen. «Bitte, Einlass», wird es flüstern. «Bitte, Einlass.»

Du öffnest die Tür und lässt es ein. «Sven», wird es sagen,
auch wenn du anders heißt, Rollenspiel, «du wohnst in einem
Schaufenster. Besitzt aber nichts, was du zur Schau stellen
könntest. Geschweige denn, was sich irgendwer ansehen
möchte.»

«Ja», wirst du sagen, «stimmt, ja.»

«So kann es doch nicht weitergehen. Du schwemmst auf.
Deine Haut wird grobporig, weil dein Inneres sich nach Freiheit sehnt.»

«Mhm», wirst du sagen.

«Bitte, steig nun auf meinen Rücken und lass dich von mir
forttragen. Ich kenne Orte, die besser sind als dieser, der zugegeben pittoresk ist und in dem es allerorten nach Glück
duftet, tata, aber du bist jung und wütend, vergiss das bitte
nicht. Noch ist dein Haar voll und glänzend, das solltest du
ausnutzen. Es wird Zeit, dass aus dir etwas wächst. Es muss
nicht groß sein. Es muss nur wachsen.»

«Ja», wirst du sagen, «stimmt.»

«Es nennt sich Großstadt, und es ist so ganz anders als
euer Einkaufszentrum. Großstadt, das ist ein Becken. Nicht
im Sinne von Hüfte, sondern Auffanglager. Darin leben Menschen so wunderbar wie Udo Lindenberg, so interessant
anzusehen wie Wilhelm Wieben. In einer Kleinstadt wirst
du nur Kleinstädter, aber in einer Großstadt kannst du alles
werden. Auch sehr unglücklich.»

«Ja?»

Daraufhin wird das Wesen nicken, dich auf seine Schultern
heben, und gemeinsam werdet ihr Langenhagen verlassen
und euch nach Hamburg aufmachen, wo du feststellen wirst,
dass der Unterschied zu Langenhagen so groß nun auch wieder nicht ist.

10. HAMBURG

Zugegeben – für mich ist Hamburg die schönste Stadt der Welt. Aber das liegt einfach daran, dass Hamburg so ist wie ich. Ein facettenreiches Panoptikum an mundfauler Fotogenität und kumpelhaftem Gefühlsüberschwang.

Mitte der Achtziger haben meine Eltern mich auf ein Boot gesetzt und hierherfahren lassen. Ich war zu blass. Blasse Kinder waren in Langenhagen verpönt. Und blasse Kinder setzte man auf sogenannte Bleichboote auf der Leine und ließ sie nach Hamburg fahren, wo Luft und Scham die Wangen röteten.

Und tatsächlich findet sich kaum irgendwo bessere Luft als in Hamburg, kommt sie doch mit Schiffen von überall her. Mit Matrosen, die nur die beste Luft in ihren Lungen hierhertragen und in Hamburg ausatmen, dafür Hamburger Luft mitnehmen, raus in die Welt.

Wir im Norden behalten diese wunderbare Luft oft lange in unseren Lungen, wir sagen nicht viel. Doch sagen wir etwas, ist es wohlüberlegt, und ließe sich so auf Lateinisch auf Schenkel und Steiß tätowieren. Kommt noch Alkohol ins Spiel, neigen wir gar zu Gefühlsüberschwang. Und wie sagt man so schön: Bringe einen Hamburger zum Lachen, und du erhaschst durch seinen Mund einen Blick ins Paradies.

Ich würde vorschlagen, du kaufst dir ein Tagesticket für die öffentlichen Verkehrsmittel. Ist besser als laufen. Dann fährst du einfach zu den einzelnen Stationen und suchst die Gegend ab. Du wirst sehen, du kommst aus der U-Bahn und glaubst im ersten Moment in einem anderen Land gelandet zu sein ...

Fahre zuerst mit der S3 oder S1 zur **Reeperbahn**, gehe von dort in die **Davidstraße**.

10.1. ÜBERHAUPT ST. PAULI

Brauereiquartier, Bernhard-Nocht-Straße

Früher sah ganz St. Pauli so aus wie dieser Teil, den man Brauereiquartier nennt. Brauereiquartier deshalb, weil hier demnächst alles abgerissen werden soll, damit eine Brauerei entstehen kann. Geplant ist ein architektonisches Meisterstück: ein großer Quader, der auf einer einzigen Säule thront.

Derzeit geht es überall in St. Pauli so zu: Man reißt Altes ab, um Neues entstehen zu lassen. Denn St. Pauli, das soll in erster Linie eine schöne Erinnerung sein, sagte man neulich bei der Enthüllung eines weiteren Neubaus – nicht zu unterscheiden von den anderen.

Guterhaltene Hochhäuser werden abgerissen, um durch modernere, meist wesentlich kleinere Bauten ersetzt zu werden, in die dann doch nur wieder kleine überbilligte Bars einziehen – die im Grunde in St. Pauli nichts verloren haben. Denn St. Pauli, das bedeutete einmal in erster Linie Arbeit. Männer in Anzügen mit Aktenkoffern prägten früher das Bild des Stadtteils. Da standen die Bürogebäude hier noch dicht an dicht, bevor sie durch Busenbars und Nacktkneipen verdrängt wurden und laute Musik und lamentierende Trinker ein Arbeiten hier nahezu unmöglich machten.

Wer heute nach St. Pauli kommt, kann sich kaum noch vorstellen, dass es sich um denselben Stadtteil handeln soll, den man aus Filmen wie *Fluchtweg St. Pauli – Großalarm im Empire River State* oder *Im Copper House nachts um halb eins* kennt. Denn das St. Pauli der Sechziger und teilweise auch der Siebziger war ein Hochhausgebiet, das schon von weitem gut zu sehen war.

«Wie die Fingers von Hunderte von schöne Frauen sahste die Häuser. Schon von Wasser», schrieb der Lokalchronist Peter Steck.

In das St. Pauli von damals schaffte es die Sonne kaum, da die Hochhäuser so dicht standen, dass der Sonnenstrahl schon sehr geschickt sein musste, um nach unten zu gelangen. Alle St. Paulianer waren damals blass. Allen voran natürlich Hans Albers, dem dessen Mutter blauleuchtende Knöpfe auf die Augen nähte, damit er im Straßenverkehr besser zu sehen war. Das Solarium war noch nicht erfunden, und so trug man hier auch im Sommer Skianzüge, versuchte sich durch Alkoholübergenuss warm zu halten oder tätowierte sich Urlaubsszenen aus Übersee auf Gesicht und Hände.

Von dem alten St. Pauli ist heute kaum noch etwas geblieben, und man ist dabei, auch die letzten Spuren zu tilgen. St. Pauli, das ist das Atlantis Hamburgs. Mit dem Unterschied, dass man bei Atlantis wenigstens noch so ungefähr weiß, wo es geblieben ist.

Die Blaupause für sein späteres Schaffen in Hamburg schuf Tino Hanekamp bereits in seiner Heimat Wippra, das vor allem für seinen Männerchor berühmt ist, den Tino, selbst ein hervorragender Sopran, mit aufbaute, prägte und berühmt machte. Hanekamp sorgte dafür, dass sich Aufruhr und Wut in den Gesang des bis dahin eher brav agierenden Vereins mischten. Man komponierte schließlich eigene Stücke, a cappella, operierte im vokalen Grindbereich, verschloss sich nicht dem Grunge und schlug gerne auch mal atonale Töne an. Eine Zeitlang galt der Männerchor Wippra unter Führung Hanekamps sogar als härteste Band der Welt, bevor Napalm Death mit ihrem Debütalbum *Scum* dies wieder zunichtemachten.

In der Folge warf Hanekamp alles hin und kam nach Hamburg, wo er heute erfolgreich das Nachtleben gestaltet und lenkt. Singen tut er nur noch selten. Meist spätnachts, in der Mutter etwa. Wer ihn einmal hat singen hören, weiß um Hanekamps glockenklaren Sopran, der so hell und rein scheint, dass selbst das unrasierte, abgebrühte Musikerklientel der Mutter, das glaubt schon alles gehört zu haben, Tränen in die Augen bekommt.

 Nun geh bitte wieder zurück zur **Reeperbahn**. Auf dem Weg dorthin werden dich Damen ansprechen, an deiner Jacke ziehen und dich kaum weitergehen lassen wollen. Es ist die berühmte Hamburger Anhänglichkeit, die gerade in St. Pauli weit verbreitet ist. Solltest du doch noch zur Reeperbahn gelangen, gehe diese bis zum Ende durch. Dort sollte es ungefähr so aussehen wie auf dem Foto unten.

Aber wie gesagt, Hamburg verändert sich derzeit schnell, also beeile dich ...

10.2. EKELPRINZ UND ENDE

Gastbeitrag von Tino Hanekamp

Weltbühne, Nobistor

Zum ersten Mal hörten wir von der Gruppe Ekelprinz während einer Lesung in unserem Club, der Weltbühne. Irgendein Jungliterat trug gerade seine Jungliteratentexte vor und alle, bis auf den Jungliteraten, langweilten sich ganz fürchterlich, als plötzlich Geräusche durch die Decke drangen. Es grollte und bollerte, und irgendwer brüllte. Das Stockwerk über uns war leer, das darüber auch, der Club befand sich in einem verlassenen Kaufhaus am unteren Ende der Reeperbahn, und bis auf ein paar alkoholkranke Ratten und unsere ebenfalls alkoholkranken Gäste verirrte sich für gewöhnlich niemand in diese Trutzburg der Unrentabilität. Also forderten wir den Vorleser höflich auf, die Klappe zu halten, und gingen allesamt nach oben, auf der Suche nach Abenteuern. Wir fanden drei Typen, die mit ihren Instrumenten in der ehemaligen Hutabteilung standen und vor sich hin lärmten. Sie hatten sich mittels eines Kuhfußes Zutritt in dieses, wie sie glaubten, leerstehende Gebäude verschafft. Darob beeindruckt holten wir Bier und lauschten ihren Liedern. Es war dies das erste Konzert der Gruppe Ekelprinz.

Niemand wusste, wo diese mageren, höchstens Achtzehnjährigen hergekommen waren. In Hamburg kennt jeder jeden, die Stadt ist wie ein Spiegelei, in der Mitte ballt sich alles, drum herum nur Sättigungsrand – aber Albert, Ernest und Gabriel hatten wir nie zuvor gesehen. Sie mussten über Nacht aus irgendeinem Provinznest eingefallen sein. Sie haben nie etwas verraten, und ihre Namen klangen ausgedacht. Diese Geheimnistuerei war sicher einer der Gründe, warum Ekelprinz wenig später für ein Jahr die größte Band der Stadt waren und noch heute eine Art Legende sind. Hinzu kamen ihre Musik (euphorisierend), die Texte (aufrührend), ihre

Haltung (hart) und die Art des Vortrages (zerstörerisch). Sie waren unsere Sex Pistols, unsere letzte Rettung vor diesen ganzen Technospießern, Indie-Luschen und Pop-Hochschülern. Sie waren so voller Drang, Wut und Kompromisslosigkeit, dass jeder, der sie hörte, sofort ein neues Leben beginnen wollte. Sie spielten überall, wo man sie ließ, verschenk-

Albert, Ernest und Gabriel zusammen mit Tino Hanekamp

ten ihre Lieder im Internet und verteilten selbstgebrannte CDs. Ihr Idealismus entflammte erst uns und dann die ganze Stadt. Auf jeder Demo liefen ihre Lieder, und wir, die wir bisher immer nur ohnmächtig skandierend zugesehen hatten, wie alte Häuser abgerissen und neue Bürotürme hochgezogen wurden, nahmen uns plötzlich, was uns genommen werden sollte. Erst wurde das Gängeviertel besetzt, dann das Frappant-Gebäude. Es gab Benefiz-Festivals für von der Pleite bedrohte Fixerstuben, Stadtteilzentren und Clubs, wir schrieben Manifeste und erklärten Journalisten aus Übersee, warum Hamburg in Flammen stand. Der Innensenator, ein ehemaliger Burschenschaftler, kaufte neue Wasserwerfer und orderte Knüppelpolizisten aus allen Teilen des Landes herbei, derweil wir über die Friedensangebote des Bürgermeisters lachten und uns mit den Alten, Armen und Ausländern verbündeten. Wir waren plötzlich inmitten eines Wirbelwindes, und Ekelprinz machten die Musik dazu. Und redeten nicht. Sagten kein Wort. Spielten ihre Lieder und gingen wieder. Meistens in die leere Etage über unserem Club, die zu ihrem Zuhause geworden war, in die wir eine Dusche gebaut hatten und ein paar Betten. Lesungen konnten wir keine mehr veranstalten, aber das war egal.

Mitte Januar wurde dann die *Weltbühne* abgerissen, das ganze Haus. Zwei Hundertschaften rückten zur Räumung an, und das war's dann. Wir lehnten müde an Hauswänden und Müllcontainern, vernichteten die letzten Schnapsvorräte und sahen den Baggern bei der Arbeit zu. Dann gingen wir nach Hause. Von Ekelprinz haben wir nie wieder was gehört. Manche glauben, die Band sei auf dem Weg nach Berlin in jenen Massenunfall geraten, bei dem dreißig Autos ausgebrannt sind. Andere vermuten sie im Ausland, und überhaupt wird seitdem jede neue Musikgruppe darauf untersucht, ob nicht vielleicht die Jungs von Ekelprinz dahinterstecken. Das ist natürlich alles Quatsch. Die Wahrheit ist, dass sich Ekelprinz nach dem Hausabriss aufgelöst haben. Gabriel studiert heute Soziologie in Köln, Ernest ist zurück auf das Weingut seiner Eltern gezogen, Albert, der Sänger, arbeitet für eine große Werbeagentur, und die Möwen über dem Hamburger Hafen sehen aus wie Geier.

 Den **Pudel** kennt jeder. Frag jemanden. Es ist nicht weit von dort, wo du stehst. Immer Richtung Elbe. Such dir ein hohes Gebäude, von dem aus du die Elbe sehen kannst. Der Pudel ist das kleinste Gebäude Hamburgs, von weitem ist es nur als Lücke zwischen den großen Gebäuden zu sehen.

10.3. DAS MÄRCHEN VOM GOLDENEN PUDEL

Hafenstraße

Wir kamen aus Langenhagen. Wir waren fortgerannt. Es war so finster und auch so bitterkalt. Wir kamen an ein Häuschen aus Gammlerkuchen fein. Wer mag wohl der Herr von diesem Häuschen sein.

Dunkel lag sie da, diese kleine Hütte. Sah aus, als hätte man sie inmitten der Großstadt vergessen. Ein kleines Kind, das seine Eltern zwar verloren, aber aufgehört hatte, nach ihnen zu suchen. Ein Wummern war aus dem Inneren zu hören, das auch im Laufe der Nacht nicht mehr aussetzen sollte. Wie das Schlagen eines Herzens. Fast so, als wäre diese kleine vergammelte Hütte tatsächlich ein Organismus, der auf Parasiten wartete.

Wir gingen näher, etwas lockte uns. Vielleicht war es der Geruch, der aus der Hütte drang. Ein lustiger Geruch. Papa hatte manchmal so gerochen, Mama und der Keller. Leises Klimpern. Gelächter, Geschrei.

Unschlüssig blieben wir einen Augenblick davor stehen. Betrachteten das verzogene Rechteck, aus dem gelbes Licht drang. Kurz darauf trat ein Mann heraus, dessen Haare die Farbe dieses Lichts angenommen zu haben schienen. Nicht sehr viel später kam ein zweiter. Seine Haare waren dunkler, auch wirkte er wesentlich gepflegter als der andere. Er hatte einen kleinen, orangen Napf dabei – *Kleinstädter* stand darauf –, in den er etwas Bier kippte und ihn uns hinhielt. Wir zögerten, doch der Inhalt der Schüssel roch so gut, dass wir schon kurz darauf hastig die Köpfe darüber beugten und schlürften.

Wir blieben bei den beiden, bei Mutter Schorschi und dem Babba, wie wir sie nennen sollten. Sie bauten uns kleine Betten aus Schnapskisten, die am Abend, wenn die anderen Kinder in die Hütte kamen, nach hinten geschoben wurden, und dann bei Einbruch des Mittags, wenn alle fort waren, wieder zurückkamen. Wir wohnten in dem Häuschen, und der Geruch darin machte etwas mit uns. Oft lachten wir grundlos und laut, so wie wir es manchmal taten, wenn der Babba uns mit warmem Bier fütterte und sich wieder einmal mit der Menge verschätzt hatte.

Den Tag verbrachten wir damit, gemeinsam mit Mutter Schorschi die Hütte schön schäbig zu machen. Mit Stiften sollten wir alle Wände vollschmieren. Den Laden gründlich mit Bier auswischen. Schön ordentlich neben die Toiletten pinkeln, das Waschbecken und den Weg zurück.

Am Abend dann passten wir auf, dass die Fenster immer zu waren, keine Luft hineindrang. Darauf achteten beide penibel. Denn Luft, das wäre Gift für den Untergrund. Mit der Luft käme der Mainstream, und Mainstream wäre das Establishment der Neunziger. Ob wir das verstünden?

Nein, sagten wir wahrheitsgemäß. Wie immer, wenn einer der beiden uns etwas fragte.

An den Wochenenden verschwanden sie manchmal, und während der Babba sich dann schöne Glitzerkleidung anzog, warf Mutter Schorschi sich die unansehnlichsten Lumpen über. Wir sollten ihm ins Haar spucken. Um ein Brikett unseres Kinderkots bat er. Das wolle er sich in die Taschen stecken, um nach Anarchie zu riechen. Denn nichts rieche mehr danach als Kinderaa.

Wir hatten Angst vor Mutter Schorschi. Sprach er, so klang es, als verrücke man Möbel. Sagte er etwas, so packte er einen meist am Gesicht und schrie es einem direkt hinein, sodass wir tief in seine Mundhöhle starrten, wo die Fee der Dunkelheit wohnte und mit Speichel hantierte, wie er erzählte. Nichts von dem, was er sagte, klang nett. Mit dem Babba musste man immer trinken, rauchen und raufen. Auch das konnte anstrengend werden. Und schließlich riefen wir Heidi Kabel an, damit sie kam und uns abholte.

 Jetzt **Reeperbahn**. Weißt du ja nun, wo das ist.

10.4. DIE ENTSTEHUNG DER REEPERBAHN

Reeperbahn

Das nackte Mädchen an sich ist eine Erfindung des Hanseaten. Der Hanseat, dieser mundfaule Grundsympath, verstand es schon früh, seine gute Laune dadurch auszudrücken, dass er Menschen in seiner Umgebung sich ausziehen ließ. Dabei gilt folgende einfache Gleichung: Ein nacktes Mädchen = Heiterkeit, 5 nackte Mädchen = Euphorie.

Es waren die Anfänge des Nacktgeschäfts, das in Hamburg perfektioniert wurde und noch immer die Grundsäule der Hansestadt bildet. Auf der Reeperbahn fing alles an. Hier entstand das Neonlicht, hier entdeckte man beim Graben den Alkohol, und auf der Reeperbahn begannen die ersten Shows, deren einziges Konzept die Nacktheit Fremder war.

Um den Namen Reeperbahn richtig deuten zu können, muss man wissen, dass ein Reeper ein großes Pferd war, an das man nackte Menschen band und diese zur Belustigung einmal die Straße, die Bahn, hoch- und runterziehen ließ. Dazu sangen Shantychöre gerne allerlei Erstunken und Erlogenes von der Seefahrt.

Doch wie es so ist mit der Nacktheit, irgendwann hat man alles gesehen, und das Herumziehen eines Nackten lockte nur noch wenige, verklemmte Touristen an, die mal ein Foto von sich mit einem Nackerten machen wollten. Sollte daraus ein echtes Geschäft werden, musste man sich etwas anderes einfallen lassen. Auch das Herumziehen eines Nackten im Kreis sorgte nur kurz für frischen Wind in der Nacktbranche. Schließlich vermietete man Nackte, sodass man sich diese einmal in aller Ruhe allein ansehen konnte. Gegen einen Aufpreis durfte man auch mal ein paar nackte Stellen anfassen.

Später entstanden ganze Theaterstücke mit Nackten, man erfand Stangen, an denen Nackte tanzten, besondere Nackttänze, die gerade die loseren Regionen zum Wogen brachten. Filme über Nackte. Fotos mit Nackten. Und und und.

Das Geschäft boomte – und tut es noch immer. Noch heute strömen Menschen aus der ganzen Welt zur Reeperbahn, um sich Nackte anzusehen. Oder um selbst einmal in den Nacktbereich hineinzuschnuppern. Die Ausbildung als Nackter nimmt meist nur wenige Tage in Anspruch, die Arbeitszeiten sind moderat, der Verdienst kann recht gut sein.

 Steig an der Station **St. Pauli** in die U3 und fahre eine Station bis zur **Feldstraße**. Überquere die Feldstraße und geh in die **Marktstraße**, irgendwann links dann in die **Glashüttenstraße**. Da findest du die **Karolinenpassage** dann schon.

10.5. DAS MONTMARTRE HAMBURGS

Karolinenpassage (Durchgang zwischen Karolinenstraße und Glashüttenstraße)

Ursprünglich bezeichnete man mit dem Begriff Montmartre ein Künstlerdorf in Frankreich, das in der Nähe von Paris auf einem Hügel namens Butte Montmartre liegt. Montmartre war die erste Gammlerortschaft der Welt, von Frankreich aus trat sie ihren Siegeszug an und ließ den Begriff Montmartre zu einem geflügelten Wort werden für etwas, das allzu *laissez-faire* daherkommt. Montmartre nennt man heute freizügige Menschen. Darüber hinaus ist Montmartre zu einem Partyschlachtruf geworden. So etwa zu hören auf der CD *Hyper, Hyper, ihr Schweine – Scooter live in Paderborn,* auf der Frontmann HP Baxxter seinem Publikum zuruft: «Montmartre, Montmartre, oder ich fall um, bumm bumm.»

Montmartre ist also nicht nur ein architektonisches Phänomen, sondern Ausdruck eines Lebensgefühls, zu dem nur die wenigsten fähig sind. Wenn jemand einen anderen montmartre nennt, so ist das ein Kompliment. Denn montmartre bedeutet, sich von sämtlichen Zwängen freizumachen.

Das Prinzip Montmartre findet sich in verschiedenen Kunstrichtungen wieder. In der Musik beispielsweise bezeichnet es die Atonalität, in der Lautstärke und Chaos das Maß aller Dinge sind. Je lauter und ungeordneter etwas ist, als umso künstlerisch wertvoller nehmen wir es wahr. In der Malerei sind es die Bilder, die man oft nicht sofort als solche erkennt. Bei Filmen meint es eine Plotarmut mit deutlichen Tendenzen zum Standbild.[19]

In der Literatur bezeichnet man als Montmartre oft absolute Unverständlichkeit gepaart mit Langeweile und Respekt. Dieses Phänomen findet man häufig bei Autoren, die vor

---

19 *Der rote Aurure* beispielsweise ist äußerst montmartre (siehe Seite 64f.).

langer, langer Zeit einmal ein großartiges Buch geschrieben
haben und es seitdem immer wieder versuchen. Kaum wer
wagt es öffentlich, solche Werke schlecht zu nennen, fürch-
tet man in unserer Gesellschaft doch nichts mehr als dumm
dazustehen. Montmartrische Autoren sind: ▓▓▓ ▓▓▓ ,
▓▓▓ ▓▓▓▓▓ , ▓▓▓ ▓▓▓▓ .

Doch Montmartre, das ist nicht nur Friede, Freude, Eierku-
chen. Denn Lässigkeit ist nicht gleich Lässigkeit, und was dem
einen relaxt erscheint, nennt der andere bieder und dumm.
So kam es 1920 zu den ersten Unruhen in Montmartre. Zu
angepasst war einem Teil der Bewohner das Konzept gewor-

den, zuwider das spießige Französisch, das zu sprechen man genötigt wurde. Eine Gruppe spaltete sich ab, die sich aufmachte, anderenorts ein Montmartre zu schaffen, das größer noch und regelloser sein sollte. Man zog sogar in Erwägung, gänzlich anders zu leben: Kleider aus Verpackungen. Statt Wohnungen Löcher in der Erde, in denen man sich nachts eingraben ließ. Oder man ließe sich an Seilen von Dachvorsprüngen herunterhängen, um nicht als angepasst zu gelten. Man wollte eine bunte Phantasiesprache sprechen, ohne Sinn und Verstand. Namen wollte man sich geben, die nur aus Geräuschen bestanden, Frisuren aus Fischen und Hundehaar wollte man tragen, und alles anders machen, was nur anders zu machen ginge. Denn wer zweimal dasselbe tut, der gehört schon zum Establishment, so eine Redensart damals.

Doch nach anfänglichem Übermut war das alles den meisten auf lange Sicht viel zu anstrengend, und sie beschlossen sich einfach ein paar pittoreske Zweizimmerwohnungen mit Balkonen zu bauen, auf denen man ein paar Koksgeranien und Haschbegonien anbauen wollte, um so der Konvention zu entfliehen.

Das Ergebnis sehen wir hier in der Karolinenpassage. Und wer durch das Tor in diese Gasse schreitet, glaubt sich in einem Märchen aus 1001 Nacht wiederzufinden: die kleinen Balkone, auf die man manchmal einen Neo-Montmartrer treten sieht, um Bodypainting zu betreiben oder einfach nur Parolen der Entspannung hinauszurufen. Diese Straße war Kulisse unzähliger Filme wie etwa *Über den Dächern von Nizza, Die Katze auf dem heißen Blechdach* oder *Rocky*. Und selbst wenn vom ursprünglichen Montmartre kaum noch etwas geblieben ist, so umweht denjenigen, der diese Straße durchschreitet, doch ein feiner Hauch von Anarchie und Freiheit, den man sich hastig in die Lungen schlägt und so lange in sich behält, wie es nur geht. Rotgesichtig wanken die meisten dort vorne auf die *Karolinenstraße*. Und auch du solltest nun die Augen schließen und etwas von der Montmartrer Luft inhalieren und sehen, wie lange du sie in dir behalten kannst.

▶ Zurück zur Marktstraße.

10.6. DIE MARKTSTUBE – DIE GESCHICHTE DER TEDS UND DER PUNKS

Marktstraße

Die Geschichte des Krieges zwischen **Punks** und **Teds** ist so lang wie die Geschichte des Kriegs selbst. Punks und Teds – das sind die Katholiken und Protestanten der Jugendkultur. Was beide Gruppierungen eint, ist ein enormes Wutpotenzial, Ausdruck eines Lebensgefühls durch Frisuren sowie der Alkohol als stiller Bruder im Geiste.

Dabei ist der Ted im Grunde ein herzensguter Mensch mit gegeltem Haar und vom Trinken rotem Gesicht. Der frühere Ted versammelte sich oft in Gaststätten, wo er an Musikboxen fingerschnippend herumstand und Ted-Musik hörte. Größte Hits der Tedmusik waren *I wanna be your teddybear* oder *Teddybär ruft 1-4*. Von sich selbst sprach er liebevoll immer nur als dem *Teddy Boy*, und meist rührte sein Gebaren nur daher, dass er gemocht, vielleicht auch manchmal als niedlich empfunden, eventuell berührt werden wollte. Seine Creepers, Schuhe mit besonders weichen und dicken Kreppsohlen, gaben ihm etwas Clowneskes. Hinzu kamen die Drapes, lange Anzugjacken, die dem hanseatischen Ted oft bis weit über die Knie reichten und beim Gehen über den Boden schliffen, wo sie Ted-Spuren hinterließen: lange *Us*, die oft bis hierher, zur früheren **Marktstube**, führten, wo der Ted Eierflip trinkend auf den Punk wartete, damit dieser ihm «auf die Schnauze hauen» konnte – wie man das im Ted-Jargon nannte.

Der Punk war so ganz anders als der

Eierflip, der Dickmacher der Unangepassten

Ted. Wo der Ted niedlich wirken wollte, versuchte der Punk sich in ein Mäntelchen aus bierseliger Aggressivität und aggressiver Bierseligkeit zu hüllen, um so den fragilen, von Weltschmerz erschütterten Leib zu schützen. Als Projektionsflächen seiner Nachdenklichkeit dienten ihm oft die Rückseiten seiner Jacken, auf denen Botschaften prangten wie «Is this what you wanted?!», dazu das Bild eines Atompilzes. Oder Zitate von Punk-Vordenkern wie Friedrich Nietzsche: «Man muss noch Chaos in sich haben, um einen tanzenden Stern gebären zu können.»

Der Punk traf sich oft an Plätzen, an denen er von der Gesellschaft gut gesehen werden konnte, verstand er sich doch als Beobachter und Mahnmal zugleich. Seht her, wollte er dem Spießer zeigen, saufen kann man überall.

Warum gerade der Ted den Hass des Punks auf sich zog, gibt Jugendforschern auf der ganzen Welt noch heute ein Rätsel auf. Denn im Grunde wollte der Ted ja nur gemocht werden und höflich sein, wohingegen der Punk auf eine positive und kritische Art hasste. Vermutlich ist es eine Mischung aus Wut und Neid auf den immer gewaschenen, hygienischen Ted, dessen Stellenwert in der Gesellschaft ein ganz anderer war als der des Punks, dem man seinen Bierkonsum immer ankreidete, wohingegen er beim Ted geduldet wurde, manchmal sogar begrüßt. Immer wieder sah man angesehene

Bürger, Ärzte und Rechtsanwälte in die Marktstube kommen, um dem Ted etwas Geld zuzustecken, damit dieser sich stellvertretend für den Normalbürger betrinken konnte. Der Ted, das war eine Zeitlang das leckende Ventil der Gesellschaft.

Heute ist der Ted aus unserer Gesellschaft so gut wie verschwunden, und der Punk hat die Vorherrschaft erlangt. Doch noch immer erinnert man sich dieser Feindschaft, und jedes Jahr am 2. August, dem Tag der großen Ted-Offensive, finden hier im Karolinenviertel die Punk- und Ted-Festspiele statt.

Eine Gaudi, wie der Hamburger sagt, die seinesgleichen sucht. Aus der ganzen Welt kommt man dann hierher, gerne schon Wochen vorher, als Ted oder Punk verkleidet, und stellt trinkend noch einmal diese Schlachten nach, bevor man anschließend vor dem heutigen Bioladen kampiert und «If The Kids Are United» skandiert.

 Die nächste Station liegt praktisch direkt gegenüber. Nur dass dazwischen Häuser stehen. Überwinde diese. Irgendwie.

10.7. DAS KUNSTTURNEN IM KAROLINENVIERTEL

In der Nähe der Turnerstraße

Lange ist die Zeit vorbei, da sich mit Kunstturnen noch das große Geld verdienen ließ, und heute lebt Mora Tschitsche zurückgezogen an einem Ort, von dem sie hofft – hoffte –, dort nicht gefunden zu werden. Unangenehm ist ihr ihr Misserfolg, und sie öffnet nur noch einem die Türe – dem einzigen Gast, dem man nichts anzubieten braucht.

Die Plaketten an der Tür sind angelaufen und schmutzig. Ihre größte Auszeichnung, der Goldene Hanse, sieht nun

stumpf aus und ist kaum noch zu erkennen. Hanse, das war ein Turnerkunststück, das neben *Tschitsche* nur noch der Koreaner Su Zog beherrschte. Dieser verschied vor Jahren auf tragische Weise. Der Hanse ist eine schnelle Wirbelbewegung, in der man sich trudelnd aus großer Höhe stürzt. Beim *Doppelten Hanse* gehören noch Salti, Flugrollen in der Luft, sowie zehn schnell hintereinander ausgeführte Hampelmänner dazu. Man musste leicht sein, um es in dieser Klasse zur Perfektion zu bringen, und es gab früher viele Turnerinnen, die sich extra Rippen, Leber und Nieren entfernen ließen, Ohren, Finger und kinderkopfgroße Stücke aus dem Oberschenkel schnitten, um so etwas Gewicht einzusparen. Meist ohne Erfolg – die Schmerzen waren oft einfach zu groß zum Turnen. Wenig später wurde das Kunststück aufgrund dieser Praktiken verboten, und Mora Tschitsche sollte die letzte Hanseturnerin der Welt sein. Benannt ist die Übung nach Jakobi Hanse, einem Seemann, der sich der Sage nach brennend von einem Berg ins Wasser stürzte und wenig später als Vogel wieder aufstieg. Es hat sich nie gänzlich beweisen lassen, ob das stimmt, aber vermutlich ist es heute auch egal.

Früher waren Kunstturner das, was für uns heute Popstars wie Mehrzad Marashi oder Menowin Fröhlich sind. In einer Zeit, in der es außer Briefeschreiben, Radio und dem Krieg kaum Zerstreuung gab, erfreuten sich die Kunstturner großer Beliebtheit. In Scharen kam man, um ihnen bei ihren aberwitzigen Turntricks zuzusehen, und Turner wie Toni Bingenbix, Karl-Maria Huttenbock oder auch Susa Kollenreiter kannte zu jener Zeit jedes Kind. Doch mit der Erfindung des Fernsehens nahm das Interesse an allem anderen ab. Verständlicherweise, so muss man doch zugeben,

denn Menschen in engen Hosen, durch die die Geschlechtsteile drückten, das passt einfach nicht mehr zu der neugewonnenen Lässigkeit des Deutschen. Schick galt, wer einfach nur träge herumsaß. Schwitzen war verpönt, das Nichtstun en vogue. Dazu gab es Getränke, die man nach bekannten Gammlern benannt hatte: **Latte Macchiato, Kai Pirinha** oder auch **Sam Bucca**.

Immer seltener wurden Tschitsches Engagements, und immer weniger verdiente sie. Nach und nach verkaufte sie ein ums andere Zimmer ihres Hauses, bis ihr nur noch ein kleiner Teil im Erdgeschoss blieb.

Heute gibt sich die ehemalige Kunstturnerin bieder, versteckt sich hinter Spitzengardinen und beobachtet das Geschehen auf der Straße. Geblieben sind ihr nur die zwei Turnzwerge, die lange ihr Maskottchen waren, trat doch auch Tschitsche stets in jener Verkleidung auf: beige, lange Hosen, ein blaues Oberteil, dazu eine orange Zipfelmütze – die Farben Schlesiens. Auf dem Foto sieht man die Zwerge in der

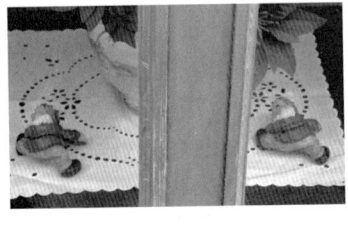

Standgrätsche, die lange Tschitsches provokantes Aushängeschild war – eine versteckte Beleidigung der Obrigkeit: Es wurde weggesehen, der Hintern dem Betrachter entgegengestreckt, mit der Faust bestimmt auf den Boden geschlagen.

Heute zieht Tschitsche nur noch selten dieses Kostüm an. Gerne nachts, wenn sie einsam ist. Dann sieht man sie manches Mal durch das Karoviertel irren, auf der Suche nach der Zeit, in der alles besser war. Immerhin hat man eine Straße nach ihr benannt, die Turnerstraße, die hier gleich um die Ecke liegt. Wer kann das schon von sich sagen.

Nun fährst du bis zum **Altonaer Bahnhof**. Fast alle S- und U-Bahnen fahren dorthin. Der Weg zum **Altonaer Museum** ist von dort dann ausgeschildert. Glaube ich zumindest.

10.8. DIE KOMPLETTE GESCHICHTE ALTONAS

**Altonaer Museum, Museumstraße,
2. Obergeschoss und Max-Brauer-Allee**

Heute mag man es kaum glauben, aber früher war die Dunkelheit für den Altonaer das, was für uns heute das Licht ist. Sein Hang zur Stickigkeit ist legendär zu nennen, Enge sein Idealzustand.

Der Altonaer Urmensch lebte in Raumkomplexen wie diesem hier. Enge, hintereinandergeschachtelte Räume mit Fensterattrappen, durch die diffuses Licht fiel, damit der Altonaer sich gerade eben so in seiner Welt zurechtfand. Hier lebte man mit bis zu fünftausend völlig fremden Menschen auf kleinbusgroßem Raum und stahl einander den Atem. Angespanntes Schweigen beherrschte das damalige Leben Altonas. Dazu kam ein Geruchsgemisch aus Achsel und untenrum. Oft waren die Arme des Altonaers wund vom Reiben an anderen – notgedrungene Zärtlichkeiten, denen man in

großen Menschenmengen nun einmal ausgeliefert ist. Dazu kam die Angst zu ersticken, wenn man von der schlaffen Haut seiner Mitmenschen atmete.

Seiner Melancholie machte der Altonaer oft Luft, indem er sogenannte Depressiva malte, wie wir sie im gesamten Komplex finden: traurige, langhaarige Männer mit Flügeln an Flüssen etwa, oder Frauen, die nackte Kinder herumwirbeln. Dazu Substantive seiner Empfindungen: *Hoffnung, Liebe, Bulimie.*

Es lässt sich nicht zweifelsfrei sagen, wie lange es den Altonaer überhaupt schon gibt. Entdeckt wurde er erst um 1960, aber es gilt als gewiss, dass er mindestens eintausend Jahre zuvor schon existierte.

Der Altonaforscher Bernd Buckengrub geht in seinem Werk *Altona ist das, was man daraus macht* sogar noch weiter und nennt Jesus einen Altonaer, der in einem dieser Räume, die im Altonaer Museum noch heute zu besichtigen sind, zur Welt gekommen sein soll. Beweise dafür seien zum einen der Name Jesus, der ebenso hanseatisch ist wie Hein oder Kuddel, zum anderen aber wäre er stets wie ein Altonaer herumgelaufen: lange Haare, Nackigkeit und lange Gewänder sowie oberschenkelgroße Panflöten.

Entdeckt wurde Altona beim Bau des Untergrundnetzes des Bahnhofs Altona, der damals noch Bahnhof Mågenbøg hieß, was dänisch ist und Mottenburg bedeutet. Das ganze Altonaer Museum, so wie wir es heute kennen, fand sich dort, fünfzig Meter tief in der Erde vergraben. Du kannst dir sicher vorstellen, wie langwierig es war, dieses größte Museum der

Welt freizulegen, in die Museumstraße zu schaffen und dort aufzubocken.

Es ist kaum etwas verändert worden. Abgesehen von etwas Glas und ein paar Männern mit grauen Haaren in Uniformen. Freilich, den Ur-Altonaer musste man aus seinem Bau entfernen, damit die Besucher Platz zum Flanieren hatten. Vermutlich wäre der Anblick der Nackerten, sich nur mit Speichel reinigenden Altonaer ohnehin zu verschreckend gewesen.

Man beschloss den Ur-Altonaer in Wohnungen auf der anderen Straßenseite, in der *Max-Brauer-Allee*, unterzubringen. Doch – o weh! – wie groß war das Geschrei, als diese Menschen das erste Mal spürten, was Platz bedeutete. Manche schrien, als sie den Arm ausstreckten. Andere bekamen Pusteln von der frischen Luft. Wieder andere klammerten sich aneinander oder warfen sich auf den Boden und baten, man möge sich auf sie legen. *Nähe, bitte, Nähe.*

Kurzum – alle Versuche, aus diesem verängstigten Naturvolk so normale Menschen, wie wir es sind, zu machen, schlugen fehl. Der Altonaer ließ sich nicht domestizieren. Und kaum waren die redeschwingenden Senatoren verschwunden, entledigte sich der Altonaer wieder seiner Kleider, und man sammelte sich in einer einzigen Wohnung, wo man zu Tausenden, so Schätzungen, fortan wieder in Dunkelheit und Enge lebte.

Du solltest einmal hinübergehen, um dir selbst ein Bild davon zu machen. Es ist die Wohnung mit den beschlagenen Scheiben, aus der die Stille dringt. Eine Bitte noch: Zuvor solltest du dich ausziehen, dich nackt an Gehwegen und Passantenachseln schmutzig und riechend reiben. Still und stumm wirst du dann die Wohnung betreten und ein, zwei Stunden dort verweilen. In dieser Ruhe aus Haut und Augen sollst du kauern und spüren, was es heißt, ein Altonaer zu sein. Ein gutes Gefühl. Glaub mir.

Nun brauche ich dich und deine Vorstellungskraft. Es ist wie mit manchen Ort in Hamburg: Vieles existiert nur noch in unserer Erinnerung, und in ein paar Jahren wird man schon nicht mehr genau sagen können, ob es das alles einmal wirklich gegeben hat. Ich meine, Heinz Karmers Tanzcafé klingt doch ausgedacht, oder nicht?

So ist es auch mit dem Frappantgebäude, das man rücksichtslos abgerissen hat. Einst stand es unansehnlich in der Neuen Großen Bergstraße und sah so aus, wie ich es im Folgenden beschreibe. Ich beschreibe es so, als stünde es noch dort. Und du versuchst es dir vorzustellen, dann zeichne es bitte in das Foto ein.

> Zurück zum Bahnhof. Dort nach unten fahren, und dann den Ausgang nehmen, an dem die Punks dich schon freundlich ansehen und die Hände nach dir ausstrecken. Sie wollen Geld und Freundschaft. Bleibe, wenn du möchtest, eine Nacht lang dort. Hamburg wartet so lange auf dich.

10.9. FRAPPANT

Neue Große Bergstraße

Das Frappantgebäude ist das erste Gebäude Hamburgs gewesen. Erbaut wurde es von Doderich Hieronymus Frappant I im Jahre 812. Heute ist kaum noch zu erahnen, dass sich im Inneren dieses Monstrums aus Beton und Bitumen ein feinziseliertes Schloss im Stile Neuschwansteins befindet, das erst im Laufe der Zeit zu dieser Matroschka aus Beton wurde. Früher fanden sich hier große Wiesen, und eine kleine Schlossmauer grenzte das Anwesen von der Realität ab. Eine Mauer, die anfangs bloß zwei Meter in der Höhe maß, die Frappant jedoch jedes Jahr um einen weiteren Meter auf-

stocken ließ, bis diese fast zehn Meter hoch war. Doch selbst das reichte dem ängstlichen Frappant bald nicht mehr aus.

«Mauern sind auch nichts anderes als das Gegenteil von Metaphern», so ein Zitat Frappants aus jener Zeit. Nicht ganz klar ist, was es bedeutet.

Er ließ das Schloss mit dicken Schichten aus Beton übergießen. Jedes Jahr kam eine neue Schicht hinzu, weil mit jedem Jahr auch Frappants Angst wuchs. Noch heute kennen wir den Ausdruck «frappante Angst vor etwas haben», der auf eben jenen Frappant zurückgeht. Dafür verantwortlich machte man folgenden Umstand: Neben Geld besaß Frappant das größte Zeitvorkommen der Welt. Immense Berge, mit denen Frappant im Grunde nichts anzufangen wusste. «Schade, dass die Zeit kein Volksstamm ist. Ansonsten könnte ich sie bekriegen und vernichten.» Auch das ein Zitat Frappants.

Es begann mit der Angst vor der Zeit, der Frappant dadurch Herr zu werden versuchte, dass ständig jemand da war, der ihn unterhielt, ihm vortanzte, vorlas, vorturnte. Kunststücke mit dem Körper und Kostümen oder kleinen Tieren vollführte. Selbst nachts, wenn Frappant im Halbschlaf lag, waren seine Diener nicht untätig, sondern führten ganze

Traumszenarien im Schummerlicht von Frappants Schlafzimmer auf: Ritten mit riesigen, weißen Pferden darin umher, schafften Tonnen von Sand und Meer hinein und am frühen Morgen wieder weg, oder aber Palmen, Hunderte nackte Amazonen, kleine, weiße Hunde, die sie mit spitzen Fingern an den Hinterläufen umherzogen – und immer großgewachsene Männer, die aussahen wie Frappants Vater und immer wieder laut versicherten, wie lieb sie ihn hätten. Ganz lieb.

Doch es half alles nichts, Frappants Angst wuchs, proportional zu der Zeit, die verging. Auch wenn Frappant nicht genau wusste, wovor er sich im Grunde fürchtete – denn die Zeit fürchtete er nur, weil sie ihm überhaupt die Muße gab, darüber nachzudenken, wovor er Angst haben könnte –, so wusste er doch, dass das, wovor er sich fürchtete, auf alle Fälle von außen kam, und umso größer seine Angst wurde, umso mehr Beton ließ er als Schutz am Schloss befestigen.

Eines Tages dann war Frappant verschwunden, und alles, was von ihm geblieben war, war die Angst, die sich auch heute noch an dieser Stelle findet. Da nützt es auch nichts, dass man das Schloss abgerissen hat. Die Angst wartet, und genau das ist das Konzept: Die Angst soll hier nun bald in kleinen Schachteln verkauft werden. Die Menschen fürchten nichts mehr, und eben diese Marktlücke will man nun schließen. In Schweden ist die Angst bereits wieder erfolgreich eingeführt. «Iocko Koluzika Emma Agora», wie der Schwede sagt und was auf Deutsch so viel bedeutet wie: «Ich habe große Angst.» Hier kann man Schränke mit nichts als Furcht in den Fächern kaufen. Regalsysteme namens *Phobie*, das Nachtschränkchen *Alp*, sowie die schwarzen Sideboards *Hysterie* und *Paranoia*.

Unsere nächste Station befindet sich, passenderweise, in einem Möbelhaus. Du findest es unten an der Elbe. Von dort, wo du bist, wieder zurück zum Altonaer Museum, und dann gerade runter bis zur Elbe. Dann kommst du fast genau dort an.

10.10. BEPPOS SCHLAFZIMMER

Habitat, Große Elbstraße 264

Seine Eltern hatten Beppo das Zimmer nach ihren Wünschen eingerichtet. Im Vordergrund stand dabei vor allem die Funktionalität. Alles sollte abwaschbar sein.

«Du wirst nun bald ein Mann», hatte sein Vater gesagt und sich vor ihn gehockt. «Da ist es wichtig, dass die Dinge abwaschbar sind.»

Mutter hatte allem Namen gegeben, damit der Beppo nicht so alleine war. Das Bett hieß *Ottori*, der Nachtschrank *Perouse*. Dann hatten die Eltern die Zimmertür verriegelt, um davor darauf zu warten, dass Beppos Pubertät begann und wieder verging.

Jeden Tag kamen sie und klopften gegen die Tür. Er solle etwas sagen, laut und deutlich, und immer wieder stand Beppo auf und sagte: «Beppo.» Und jedes Mal klang seine Stimme immer noch so hoch wie Glas, das auf einem Berg angeschlagen wurde. Er hatte seine Hand unter der Tür hindurchzuschieben, damit Mutter nachsehen konnte, ob Männerhaare darauf wuchsen. Er hatte sich auszuziehen und dicht vor die Tür zu legen, damit Mutter ihre dünne Hand unter dem Türspalt hindurchschieben konnte, um zu fühlen, was die Äpfel machten, wie sie sagte. Anschließend tastete sie an seinem Hals und im unteren Bereich. Dort, wo der Muselmane wohnt, wie sein Vater ihm das erklärt hatte. Nackt hatten sie da im Garten gesessen, und Vater

hatte auf alle möglichen Dinge gezeigt und Namen genannt, die Beppo einfach nicht begriff. *Muselmane, Puhpuppe, Nougatluke.*

«Hasst du uns denn schon?», schrien sie.

«Nein», rief Beppo mit seiner Kinderstimme zurück, überlegte dann und rief: «Ein bisschen vielleicht.»

Anfangs dachte Beppo, es wären Träume. Doch es waren seine Eltern. Diese kamen nachts in sein Zimmer. Verkleidet als nackte Mädchen, die miteinander tanzten. Manchmal sah Mutter aus wie ein weißes Pferd und Vater wie ein nacktes Mädchen. Ein andermal wieder wirkten beide wie rasierte Hunde. Er konnte sie tuscheln hören. Immer wieder fuhren Elternhände über die Bettdecke. Am Morgen hatte er Laken und Bettwäsche abzuziehen und unter der Tür hindurchzuschieben.

Es rieche schon ein wenig nach Mann, wisperte Mutter, bat ihn seine Lippen durchs Schlüsselloch zu pressen, damit sie sehen konnte, ob Bart wuchs.

Doch nichts geschah.

Bis zu jener Nacht. Beppo lag wach. Dunkelheit strömte aus Schränken und Läufern, dazu ein Geruch nach Möbelhaus, der durchs halboffene Fenster wehte. Ein Schatten wuchs

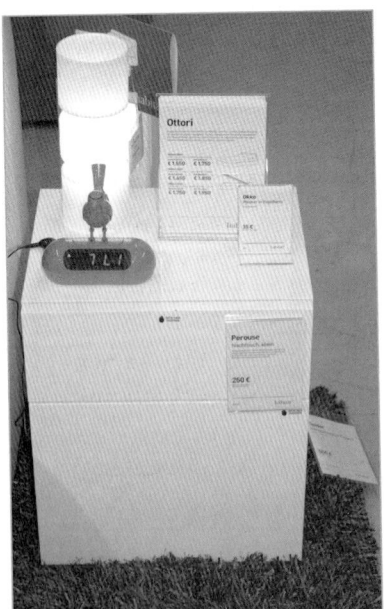

dort, drang ein und manifestierte sich dicht neben Beppos Kopf.

«Hallo», sagte er. «Ich bin Okko. Das ist afrikanisch und bedeutet Vogelbub. Weil ich der Vogel der Jugend bin. Und ich bringe die Wut und die Erkenntnis. Tüdellüut.»

«Häh?», entgegnete Beppo.

Okko machte Licht. Ein rosa, glatter Vogel, der auf eine ästhetische Art unanständig aussah.

«Beppo, deine Eltern schicken mich. Sie machen sich Sorgen. Du bist nun einunddreißig, und noch immer geschieht nichts mit dir. Keine Ausbildung, keine Freunde. Keine Pubertät. Dazu eine Sehschwäche. Rosa Bettwäsche. Überleg doch mal, so kann es doch nicht weitergehen. Aus einem Rohr muss eine Kanone werden, damit man damit schießen kann. Denke immer daran. Tüt.»

«Ja», sagte Beppo. «Entschuldigung.»

«Mhm», machte der Vogel. «Stichworte sind hier: Hass. Aggressivität. Geschlecht. Pickpick.» Symbolisch bewegte er den Kopf. Zeigte dann auf die Schränke. Überall waren mit einem Mal Aufkleber, auf denen Befehle standen: *Bitte hier drücken. Schlag mich. Mach mich kaputt. Ich möchte Ventil für deine pubertäre Wut sein.*

«Na, los», pfiff der Vogel, «wenn du ein Mann werden willst, brauchst du vor allen Dingen Wut. Niemand, der lieb ist, bringt es zu etwas. Liebe Menschen bekommen keine Arbeitsplätze, sondern Hartz IV. Pickpick.»

Beppo zögerte. Schlug dann aber auf Perouse ein, bis dieser zerbarst.

«Na, siehst du», sagte der Vogel und pfiff eine kleine Melodei. «*Pffifpfpf.* Du bist gleich ein Stückchen größer.»

Beppo zuckte mit den Schultern. «Ja, stimmt.»

«Nun die Kissen. Kein Mann hat solche Kissen. Und wenn, gibt er es nicht zu. Weg damit. Pickpick.»

Beppo schlug auf die Kissen ein.

«Na, siehst du. Besser, oder?»

Beppo zuckte mit den Schultern. «Ja, weiß nicht.»

«Nun zieh dich aus. Niemand wird angezogen zum Mann. Jugendlichkeit, das bedeutet vor allem, dass dein Körper zum Experimentierkasten deiner Selbst werden muss. Knete hier, drück mal dort und sieh, was passiert. Tüdellüt.»

Widerwillig tat Beppo, wie ihm geheißen. Rieb an seinen Kniescheiben, steckte den Finger in den Bauchnabel, lutschte am Zeh, doch nichts geschah.

«Warte», sagte der Vogel und öffnete Perouses Schublade.

Darin eine Flöte lag. So schön, wie Beppo noch nie eine Flöte gesehen hatte.

«Spiele darauf, und du wirst schon sehen», erklärte Okko. «Pieppiep.»

Beppo nahm die Flöte und spielte. Eine Melodei, so schön sie noch nie erklungen war.

Angelockt von diesem Wohlklang kamen seine Eltern und sahen ihren Beppo auf dem Bett sitzen. Und siehe da, die Jugend hatte ganze Arbeit geleistet.

«Mein Junge», rief der Vater, nahm Beppo und schmiss ihn in die Luft.

«Mein Mann», sagte die Mutter und presste ihr Gesicht in die frischbehaarten Stellen ihres Jungen.

Die ganze Nacht tanzten sie zu dritt den Männertanz, während Okko schon wieder ganz woanders war und sein Werk verrichtete.

Und was lehrt uns das? Lass auch du dein Fenster auf und werd endlich erwachsen.

 Nun nimm bitte ein Taxi und lass dich zum Polizeirevier in der **Lerchenstraße** fahren. Die nächste Station liegt genau gegenüber. Wirklich.

10.11. DIE ENTSTEHUNG DES SCHANZENVIERTELS

Straße zwischen Bernstorffstraße und Lerchenstraße

Früher bestand das Schanzenviertel nur aus dieser einen Straße, die damals noch nicht eben war, sondern steil anstieg und so dem Viertel seinen Namen gab. Die Dinge im Schanzenviertel rollten, denn auch die Häuser standen schräg, und in den Zimmern rutschten die Möbel zu einer Seite. Die Bilder ragten von den Wänden in den Raum hinein und erinnerten daran, was *gerade* eigentlich bedeuten sollte. Die Menschen hier waren so an diese Schräge gewöhnt, dass sie oft Mühe hatten, in der ebenen Welt das Gleichgewicht zu halten. Viele begannen in den anderen Straßen der Stadt zu wanken und zu taumeln, manche übergaben sich und kehrten gleich wieder heim.

Hier sahen sie ordentlich aus, doch in der geraden Welt wirkten sie oft asymmetrisch. Ihre Haare, die auf einer Seite länger waren als auf der anderen beispielsweise. Dasselbe galt für die Kleidung, die für schiefe Körper gemacht war.

Das Leben im Schanzenviertel wurde vom Geräusch des Sirrens begleitet, immer wieder löste sich irgendwo etwas und rollte die Straße hinunter. Das Leben hier hatte viel mit Entbehrung zu tun, aber die Leute liebten es gerade deswegen, alles blieb anders.

Doch eines Tages beschloss die Verwaltung, dass es so ja nun nicht ginge. Eine schräge Straße, dazu noch mitten in Hamburg, das dürfe nicht sein. Man investierte mehrere Millionen, um aus der schrägen Straße eine gerade zu machen. Und waren früher nur wenig Leute gekommen, strömten mit einmal die Menschen hierher. Touristen, die sonst Landungsbrücken und Michel verunstaltet hatten, kamen nun hierher, um sich eine schräge Straße anzusehen, die nun so aussah wie alle anderen Straßen auch – doch die Leute glaubten zu spüren, dass hier etwas anders war als anderenorts.

Oft saßen die Besucher auf der Bank, tranken und rauchten etwas von den Büschen. Hofften, dass etwas mit ihnen geschah, etwas begann, für das sie keinen Namen hatten. Eine Art Flattern in einem, über das man ein Buch hätte schreiben können oder ein Bild malen – doch meist geschah nichts. Die Leute saßen nur hier, taten lustig, wankten anschließend zurück in ihre Vororte – dieselben Nichtsnutze wie zuvor. Ein wenig war es, als wollten all die schwankenden Betrunkenen die Schräge zurück an diesen Ort bringen, denn sah man sie herauswanken, konnte man leicht glauben, diese Straße würde noch immer einen Berg hinaufführen.

Die Leute von hier hatten Mühe, sich an das begradigte Leben zu gewöhnen. Mit einem Mal sahen sie seltsam aus. Dadurch dass die Straße nun eben war, gingen sie schräg. Ein Bein war durchs jahrelange Schräggehen kürzer geworden. In ihren Wohnungen stand noch immer alles auf einer Seite, nur dass nun nichts mehr aus ihrem Leben rollte. Alles blieb. Nichts veränderte sich.

Trotzdem wirkten sie auf die Besucher glücklich. Und diese glaubten, es läge an der Schräge, und begannen mit einem Mal, ebenfalls schräg zu gehen. Manche ließen sich sogar für viel Geld ein Stück vom Bein rausoperieren, um den Gang der Bewohner perfekt nachzuahmen. Richteten ihre Wohnungen so ein wie diese, auf einer Seite viel, auf der anderen nichts. Anscheinend genügte den meisten, einfach so auszusehen, als wären sie besonders.

Mit jedem Wochenende kamen mehr. Bierbuden eröffneten. Es wurde ayurvedische Wurst verkauft. Man drehte Filme, um das Besondere einzufangen. Leute machten Fotos von sich und Kosmetikprodukten hier. Haarsprayfirmen eröffneten Geschäfte. Werber erzählten: «The diagonal it's our invention, weißt du.»

Geändert hat sich nichts. Nach wie vor glaubt jeder, kaum wäre man im Schanzenviertel, würde etwas mit einem geschehen. Etwas wäre besonders hier. Doch das stimmt nicht. Wenn man etwas sehen will, was wirklich besonders ist, dann muss man nach Lurup.

 Pass auf, nun überquerst du die **Stresemannstraße**, gehst diese so lange in Richtung **Sternbrücke**, bis du rechts in die **Eifflerstraße** einbiegen kannst. Von dort biegst du links in die Straße, weiß nicht, wie die heißt, aber irgendwann wird daraus die **Langenfelder Straße**.

10.12. GRIECHE + HAMBURGER = BIG LOVE

Langenfelder Straße

Der Grieche zählt zu den Lieblingsausländern des Hamburgers. Umgekehrt ist der Hamburger für den Griechen der Lieblingsdeutsche. Nicht umsonst finden sich auf Kreta Hans-Albers-Denkmäler, gibt es in ganz Griechenland Labskaus, das dort allerdings unter dem Namen Labssaka angeboten wird. Der Grieche und der Hanseat sind sich so ähnlich wie keine anderen Volksstämme auf der Welt. Beide neigen hie und da zu einem Schnäpschen, zu Tänzen im Kreis mit Schulterberührung, zu Fleischüberschwang und üppigen Gefühlsportionen und umgekehrt.

Heute ist Griechenland zu einem festen Teil hanseatischer Kultur geworden, und es ist fast unmöglich noch zu sagen, was ursprünglich einmal griechisch und was hamburgisch gewesen ist. So ist das Gyros beispielsweise eigentlich ein hanseatisches Gericht gewesen, das damals ausschließlich Seemänner aßen. Man wickelte das Fleisch um den Schiffsmast und ließ die pralle Sonne den Rest erledigen. Heute funktioniert das ganze mit Strom und Miniaturmasten, aber das Prinzip ist dasselbe. Woher der Name stammt, ist nie ganz geklärt geworden. Die einen sagen, das Gericht wäre benannt nach dem uruguayanischen Politiker Juan Francisco Giró, da er der erste Präsident war, der eine Rundreise durchs Land unternahm. Die anderen sagen, es wäre nach dem Konto benannt, denn wie sich mit einem Girokonto bargeldlos bezahlen ließe, so ließe sich der Gyros auch zahnlos genießen.

Egal. Jedenfalls finden sich überall in Hamburg Zeichen der Anwesenheit der Griechen. Nicht nur ihre Restaurants, auch kleine Statuen von Griechen, die sie nachts heimlich aufstellen. Griechische Zeichen, Eulen, Eulen, Eulen, Säulen, Säulen, Säulen, die sich so harmonisch in das Stadtbild einfügen, dass man glaubt, sie wären schon immer da gewesen.

Sie alle sind wunderschön gearbeitet, aber ein wahres

Meisterwerk griechischer Malerei lässt sich an einer Hauswand in der *Langenfelder Straße* entdecken. Es ist ein Gemälde von Panaiotis Kassanias, dem Erwin Ross der Griechen. Kassanias schuf für fast sämtliche griechischen Restaurants in Norddeutschland derart großflächige Gemälde. Zumeist bezahlte man ihn, wie in Griechenland Usus, mit Ouzo und Labssaka, weshalb Kassanias bald schon sehr dick und sehr betrunken wurde. Jüngere Werke von ihm sind deshalb oft unscharf und wirken verwackelt, weshalb man ihn in der Kunstszene auch den Gerhard Richter Griechenlands nennt.

Dies ist eins seiner früheren Werke. Es heißt Elikinossos griechomo kummo 18, zu Deutsch: Der Grieche kommt an 18. Zu sehen ist die Entdeckung Griechenlands durch die beiden Anführer Popos und Paris. Ein beliebtes Sujet, denn, das muss man wissen, jahrtausendelang existierte Griechenland nicht als Land, sondern war ein sogenannter Bootsstaat, der auf dem Meer umhertrieb, und mal hier, mal dort war. Nur durch Zufall trieb man an diesen Landstrich, wo sich das heutige Griechenland noch immer befindet.

Wir sehen auf dem Gemälde den schönen Strand Griechenlands, dahinter kilometerlanges, unbewohntes Land. Leere, weiße Häuser, wie der Grieche sie liebt. Die schönen Säulen der Akropolis und die bekannte Glocke der Griechen, dikidingelinglong, die noch heute das Wahrzeichen Griechenlands ist. Viele Griechen haben sie sich sogar tätowieren lassen, und auch in Liedern taucht die Glocke Griechenlands immer wieder auf, beispielsweise in Nana Mouskouris: «Läute noch einmal meine Glocke, Panaiotis.»

Die Glocke, die auf dem Gemälde zu sehen ist, existiert auch heute noch. Jeder Grieche kann sie läuten, wann immer ihm danach ist. Der Grieche läutet die Glocke, wenn er Freude empfindet oder aber Trauer, tiefe Sehnsucht, Heimweh, Fernweh oder einfach nur aus Bock. Der Klang einer Glocke fühlt sich für den Griechen an wie für uns ein Drogenrausch, er sieht Farben, und der Glockenklang lässt ihn mental reisen. Hört der Grieche die Glocke, legt er die Arbeit nieder, kehrt in sich, kehrt aus sich, und weiter geht's.

Schon kurz nach der Entdeckung der Glocke um 1579 bildete sich eine lange Schlange davor, die bis heute anhält. Wir sehen die kleine Tür, *klitzi doros*, durch die man anschließend geht. Eine Tür, die nirgendwohin führt. Eine Tür, die das Bewusstsein symbolisiert, das sich durch den Klang der Glocke öffnet und erweitert.

Auf diesen Brauch geht auch folgendes Sprichwort zurück: «Elepo poppotos kolossos, nittos kossos.» Zu Deutsch: «Eine gute Tür muss sich nicht öffnen, sondern schließen lassen.»[20]

20 Siehe hierzu auch Seite 241f. Die Idee einer Glocke hat Berlin für sich vereinnahmt und ausgearbeitet. Aber sie geht in Wahrheit auf die Griechen zurück. Doch Berlin besteht darauf, die Glocke erfunden zu haben – was nicht nur albern, sondern auch dumm ist. Unzählige Bilder mit Glocken darauf existieren und beweisen, dass es die Glocke schon gab, als Berlin nur in den Köpfen der Berlinis existierte.

 Geh die **Langenfelder Straße** bis zum Ende durch, dann gehst du links bis zur S-Bahn-Station **Holstenstraße**. Dort nimmst du eine S-Bahn bis zum **Hauptbahnhof**, und von dort fährst du mit der S3 bis zur **Stadthausbrücke**. Ich weiß, das klingt wahnsinnig kompliziert, und das ist es auch. Aber Hamburg lernt man so am besten kennen.

10.13. DIE NEUSTADT IST DIE MUTTER HAMBURGS

Kreuzung Wexstraße und Brüderstraße

Dort, wo in der Neustadt die Brüderstraße auf die Wexstraße trifft, wurde einst der Grundstein für das Hamburg gelegt, wie man es heute kennt. Denn Hamburg, das war nicht immer dieses Schlachtschiff an Grandezza, das es heute ist. Um 1800 glich Hamburg in Aussehen und Habitus eher Pinneberg, diesem kleinen verzogenen Bruder der Hansestadt. Damals gab es weder Alster, Elbe noch Jungfernstieg, und an etwas so Ausgeklügeltes wie das Schanzenviertel dachte noch niemand. Gentrifizierung hielt man zu dieser Zeit für etwas Juckendes untenrum, und Latte Macchiato klang eher nach dem Schiff eines fremden Kapitäns als nach beiger Milch.

«Mgnelo kokmå u snåvrok», schreibt gar Pøttegard Dovenstedt, ein berühmter norwegischer Architekt 1796 nach einem Besuch der Hansestadt in seinem Buch *Døoke Stådte: blod or kok,* was so viel bedeutet wie: Wie hingekackt und hingeschissen sähe es hier aus.

Ansonsten kam kaum jemand. Die Stadt drohte zu verarmen und verkauft zu werden. Ein Schicksal, das auch schon Straßburg ereilt hatte, das bis 1783 deutsch gewesen war, und dort stand, wo heute nur noch Schwerin geblieben ist.

Touristen mussten her. Nur gab es zu jener Zeit in Hamburg im Grunde nichts, was sich irgendwer ansehen wollte.

Hamburg besaß kaum nennenswerte Geschichte, einzig Heinrich Heine hatte eine Weile hier gelebt. Doch unzählige Heine-Häuser überzogen die Stadt, und selbst der tumbste Tourist merkte recht schnell, dass der phlegmatische Heine unmöglich überall dort gelebt haben konnte.

Man brauchte etwas anderes. Wesentlich spektakulärer musste es sein als ein melancholischer Dichter mit leicht welligem Haar. Etwas Abenteuerliches. Nach dem Vorbilde Bad Segebergs, wo unser aller Lieblingsindianer Winnetou geboren worden sein soll. Etwas mit latenter Gewalt, Alkohol, nackten Frauen, Männern in geringelten Shirts und engen Hosen …

Du ahnst es schon – es ist die Erfindung der Seefahrerei, die ich meine. Diese wurde damals im *Kandelaber* erdacht, das als Keimzelle des neuen Hamburgs, so wie wir es kennen, gilt. Die Erfinder sind **Hans-Peter Brüder** und **Carsten Wex**, die dort auf Bierdeckel die ersten Entwürfe der Elbe kritzelten. Eine krumme Linie, die kurz vor Hamburg entsprang und kurz hinter Wedel wieder versiegte. Zehntausende Männer gruben an ihr ein ganzes Jahr, Zehntausende Frauen schleppten Eimer um Eimer Wasser von der Leine aus Hannover hierher (siehe hierzu auch Seite 39). Dann, nach zwei Jahren der Mühen, fuhr tatsächlich das erste Schiff auf der Elbe. Insgesamt gab es zwei Schiffe, die den ganzen Tag hin- und herfuhren und den Touristen das Gefühl regen Schiffsverkehrs vermittelten. Darauf Schauspieler mit Bärten, die sich mal spanisch, kubanisch, dann wieder chinesisch gaben, und alle paar Stunden mit großem Tamtam an den Landungsbrücken einfuhren und wieder ablegten.

Man setzte dem noch einen drauf und erfand den Matrosen. Das Wort allein ist eine Anlehnung an das Wort *Matrone* und umspannt die ganze Idee der Matroserie von femininer Maskulinität und überbordender Bärbeißigkeit. Carsten Wex kreierte diesen einzigartigen Look, der sich bis heute gehalten hat: verspielte Mützchen, neckische, rote Tücher um den Hals, weibisch geringelte T-Shirts in den Farben des Meeres und der Sehnsucht. Dazu enge, weiße Hosen, durch die die Schlange des Seemanns drückt und zum Naschen der Äpfel einlädt.

Wie du weißt, ging dieses Konzept prächtig auf. Hier, in der Neustadt erdacht, trat die Seefahrerei von Hamburg aus ihren Siegeszug in die ganze Welt an. Nach dem Vorbild der Elbe entstanden andere Flüsse, später Seen, Meere, gar Ozeane, auf denen der Matrose nach Belieben mit seinen Schiffen – Phalli, die immer größer wurden – herumfuhr.

Heute ist die Hamburger Neustadt etwas in Vergessenheit geraten, und kaum wer weiß, dass es ohne sie Hamburg gar nicht gäbe. Nicht nur Hamburg, sondern die ganze Seefahrerei, Meer, Strände, Urlaub, ja Ausland überhaupt.

 Mit der S-Bahn wieder zurück zum Hauptbahnhof und von dort mit der U2 zur **Christuskirche**. Steht man davor, kann man die **Weidenallee** sehen, in der linkerhand, wie wir Hamburger sagen, ein Durchgang auftaucht, hinter dem du alles findest.

10.14. DIE EIMSBÜTTLER STADTMANUFAKTUR

Spielplatz zwischen Weidenallee und Fettstraße

Die Fabrik zwischen Weidenallee und Fettstraße war das erste Gebäude Eimsbüttels. Es ist eine sogenannte Stadtmanufaktur, in der Häuser und Straßen, aber auch Menschen, Autos und Glück entstehen. In jeder Stadt steht so eine Fabrik, und die erste ihrer Art war die Fabrik Gottes. In ihr sind große Teile der Welt entstanden, und die allerersten Fabrikarbeiter waren Adam und Eva, diese beiden Schwerenöter.

Von außen sieht die Eimsbüttler Stadtmanufaktur tot und leblos aus, doch in ihrem Inneren laufen die Maschinen noch immer auf Hochtouren. Brennt oranges Licht im Fenster, weiß man, dass sie produziert. Immer wieder neue Menschen entstehen darin, die dann nachts nackt aus einem kleinen Loch der Fabrik gelassen werden, um orientierungslos durchs Viertel zu irren. Auf der Suche nach jemandem, der sie in ihr Leben lässt. Nackte Menschen bleiben meist nicht lange allein. Gerade in Eimsbüttel. Manche tragen noch winzige Päckchen mit sich, in ihnen nutzlose Gaben wie Pedanterie, Hysterie oder Bulimie.

In den frühen Morgenstunden produziert man hier Glück, das dann in einem warmen Regen aus dem Schornstein über die Stadt geschossen wird. Es ist so wenig, dass es kaum reicht, um den Boden zu benetzen.

An jedem Monatsersten sieht man dunkle Vögel aus einer schwarzen Luke aufsteigen: Alte und neue Krankheiten, die die Fabrik nur ein Mal pro Monat herstellt und die sich dann bei Anbruch der Nacht aufmachen zu ihren Empfängern. Schwarz und gurrend sitzen sie auf den Fensterbänken und warten darauf, dass du sie einlässt.

Du magst dich sicher fragen, woraus wird all das hergestellt? Aus welchem Material macht man Glück, Krankheiten und Mädchen?

Nun, die Antwort ist so simpel wie einleuchtend: Mädchen werden aus Mädchen gemacht. Glück aus Glück. Krankheiten aus anderen Krankheiten. Diese Fabrik recycelt das Leben, saugt alles auf, um Neues daraus zu formen. Deshalb ist dieser Platz hier auch immer leer. Kaum wer traut sich noch hierhin, und vielleicht bemerkst auch du es, dass die Menschen, die eben, als du kamst, hier noch auf der Bank saßen und unansehnlich rauchten, nun fort sind. Lange Tentakel kommen und saugen die Menschen ins Innere dieses niedlich daherkommenden Gebäudes. Dort wird der Mensch in seine Einzelteile zerlegt. Hauptsächlich, wie du weißt, ist das Wasser. Ein paar Knochen. Ein Schälchen Bauernweisheit. Eine Prise Charisma. Etwas Fleisch. Ein Eimer voll Hass und Missgunst. Aus diesen Dingen setzt man dort neue Wesen zusammen oder macht aus den Resten eines unvollkommenen Menschen ein perfektes Tier. Manchmal verbrennen sie auch den Hass hier. Schwarz steigt dann der Rauch auf und lässt es im ganzen Viertel nach Aschenbecher riechen.

Nun nimm bitte die S666 in Richtung Berlin. Diese S-Bahn fährt von irgendwo ab. Du erkennst sie an dem wahnsinnigen Lärm, den sie macht, wenn sie einfährt. Oft erscheint sie dir nachts, wenn du in einer Bar sitzt und darauf wartest, dass etwas geschieht – oder darauf wartest, dass etwas aufhört zu geschehen. Mit einem Mal ist sie da, und du erwachst wieder in Berlin. So ist es in letzter Zeit vielen ergangen, und es herrscht geradezu eine riesige Angst bei den Verbleibenden. Denn wir wollen hierbleiben.

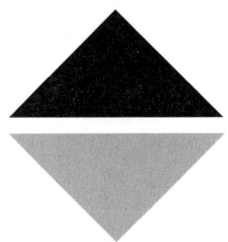

11. BERLIN

Berlin ist für uns Deutsche Segen und Fluch zugleich. Berlin ist schon lange nicht mehr einfach nur unsere Hauptstadt, Berlin ist zu einem Maßstab geworden, an dem sich ständig jeder und alles messen lassen muss. «Das ist Berlin», sagt man etwa beim Anblick eines schön urban angezogenen Menschen, auf den man in Berlin nicht mit dem Finger zeigen würde. «Du bist echt Berlin», sagt man zu jemandem, der über ein großes Ego verfügt. «Ich fühl mich Berlin», wenn man sich auf eine unglückliche Art euphorisch fühlt.

Berlin erdrückt.

Berlin erdrückt auch Berlin. Ist Berlin doch zu einem Versprechen geworden, das auch Berlin nur noch selten einlösen kann. Berlin ist Realität und unerreichbares Ideal zugleich. Kaum hat man die eine Ecke umgebaut, damit diese wieder berlinerisch aussieht, sieht es bereits an anderer Stelle wieder ganz nach Provinz aus. Und nichts ist schlimmer in Berlin, als wenn Provinz durchschimmert.

Wäre Deutschland die Welt, so wäre Berlin unser Amerika. In Berlin ist morgen schon immer ein paar Stunden früher. Glaub mir.

Berlin ist groß. Das wirst du bald schon merken. Denn dir steht heute ein Tag bevor, der beschwerlich sein wird, aber an dessen Ende du reichlich entlohnt werden wirst. Und wenn die Sonne den Spreewald küsst, wirst du ein anderer Mensch sein.

Ich möchte, dass du Berlin lebst. Dass du selbst zu Berlin wirst. Leute, die dir unterwegs begegnen, sollen im ersten Moment nicht wissen, ob du du oder Stadt bist. Sollen ein Foto von sich vor dir machen wollen.

Deshalb möchte ich mit einer kleinen Testaufgabe beginnen: Schließ die Augen und strecke die Hände aus. So lange, bis jemand danach greift. Drück dich an diesen Menschen, riech an ihm und sag ihm dann, dass er gehen soll. Höflich, aber bestimmt. Öffne die Augen erst, wenn du spürst, dass du wieder allein bist.

Dieser Mensch wird dein Berliner sein, den du nur anhand seines Geruchs identifizieren kannst. Du wirst sehen, dieser Mensch wird dir noch einmal begegnen – und sehr wichtig für dich und deine Zukunft sein!

Nun gehste in die **Carmerstraße** und suchst **Die Dicke Wirtin**.

«Tilman Rammstedt ist der Harald Juhnke der Literaturszene», hat kürzlich ein Literaturmagazin geschrieben und meint vermutlich damit, dass Tilman, wie zuvor Juhnke, Berlin personifiziert. Und tatsächlich haben Umfragen ergeben, dass Leute auf die Frage, wer für sie am ehesten Berlin verkörpere, Tilman Rammstedt auf Platz zwei gewählt haben, vor Wowereit, aber hinter den Bären.

Schon früh entdeckte man Tilmans Berlinität, damals noch in Bielefeld, wo Tilman, so muss man das sagen, *fälschlicherweise* geboren wurde. Berlin, das war sein erstes Wort, das zweite war «icke». «Icke, Berlin», sagte er oft, und in seiner Adoleszenz war es Tilman, der sich hemdsärmelig daran machte, aus Bielefeld ein zweites Berlin zu machen. Ein waghalsiges Unterfangen, das ihm neben viel Anerkennung auch oft Kopfschütteln einbrachte.

11.1. WILLIS HALBE MOLLE

Ein Gastbeitrag von Tilman Rammstedt

Die Dicke Wirtin, Carmerstraße

Willis halbe Molle ist ein seit neunzig Jahren nicht ausgetrunkenes Glas Bier auf dem Tresen des Berliner Lokals Dicke Wirtin. Bestellt wurde es im September 1921 vom arbeitslosen Gaslaternenwärter Wilhelm Grunow[21] als Letztes von insgesamt sieben Bieren an jenem Abend. («Auf sechs Beinen steht man schlecht», soll er dabei gesagt haben.) Der Legende nach nahm Grunow drei lange Schlucke aus dem Glas, bevor er sich mit einem «Bin gleich wieder da» auf die Toilette verabschiedete, ohne jemals wiederzukommen. Sein Verschwinden bleibt bis heute rätselhaft, gab es in der *Dicken Wirtin* damals doch weder Toilettenfenster noch Hinterausgang.

Bis 1937 trafen in unregelmäßigen Abständen insgesamt vierzehn Postkarten im Lokal ein, auf denen Grunow seine Verspätung bedauerte und sein baldiges Eintreffen, Austrinken und Zahlen ankündigte, auf manchen verlangte er auch, ihm zusätzlich «schon einmal einen Kurzen» einzuschenken. Die Postkarten stammten aus so unterschiedlichen Orten wie Dresden, Basel, Santiago de Chile, Brisbane und Bafoussam (Kamerun). Nach 1937 verläuft sich seine Spur.

Den Zweiten Weltkrieg überstand die Molle wie durch ein Wunder unbeschadet, auf der Konferenz von Jalta wurde sie den Briten zugesprochen, danach stand ihr Schicksal nur noch zweimal auf dem Spiel: Während der Berlin-Blockade 1948/1949, als durstige Gäste das Glas kurzzeitig in ihre Gewalt brachten, und 2006, als es ein italienischer Austauschstudent mit seinem eigenen Bier verwechselte und den Fehler erst nach dem zweiten Schluck bemerkte.

21 In anderen Quellen auch *Krunow, Gruneau* oder *Paslowski*

Im Laufe der Jahre haben sich verschiedene Personen als Wilhelm Grunow ausgegeben und ihr angefangenes Bier verlangt, sie konnten jedoch allesamt als Hochstapler entlarvt werden.

Laut *Fritz Teufel* gab es Anfang der siebziger Jahre in der Bewegung 2. Juni halbherzige Pläne, das Bier zu entführen.

1990 ging die Molle im Zuge der 2+4-Verhandlungen in den Besitz des Landes Berlin über. Es galt als designiertes Maskottchen bei Berlins Bewerbung für die Olympischen Spiele 2000 und schaffte es 1971 als erstes deutsches Getränk überhaupt auf die Titelseite des amerikanischen Playboy.

Dem Bier wurden zahlreiche Affären nachgesagt, unter anderem mit Leni Riefenstahl, Udo Walz und David Bowie. 1982 heiratete es Herbert von Karajan, die Ehe hielt jedoch nur sieben Monate. Seit 2005 ist es mit Heike Makatsch liiert.

In die Schlagzeilen geriet *Willis halbe Molle* noch einmal im Oktober 2010, als sie kurzzeitig als CDU-Spitzenkandidat für die Abgeordnetenhauswahl 2011 gehandelt wurde. Die Spekulationen endeten jedoch, als die langjährige IM-Tätigkeit des Bieres bekannt wurde.

Seit 1981 steht das Bier unter Denkmalschutz, seit 2002 auch unter Naturschutz, weil es Lebensraum für zahlreiche bis dahin unbekannte Tier- und Pflanzenarten ist, die bei einer Exkursion von Biologiestudenten der TU Berlin im Spätherbst 2001 zufällig entdeckt wurden.

Der radikal-christliche Kegelverein Willis Wiederkehr wird seit 1994 vom Verfassungsschutz beobachtet.

Willis halbe Molle *in der Kunst (Auswahl):*
Otto Dix: «Stillleben mit offener Rechnung» (1928)
Bertolt Brecht: «Herr Grunow und sein Bier» (1931)
Wolfdietrich Schnurre: «Der vierte Schluck» (1972)
Rio Reiser: «Ausgetrunken» (1988)
Wim Wenders: «Jenseits der Theke» (2001)

> Von hier aus ist es nun richtig, richtig weit bis zur nächsten Station. Aber verfluch nicht mich, sondern Tilman, der Wert darauf legte, dass exakt diese Station dabei sein soll. In Charlottenburg, wo er lebt und den Stadtteil durch seine künstlerischen Aktivitäten wie die *Charlottenburger Outdoor-Parade* oder das traditionelle *Charlottenburger Resteessen* prägt.
> Folge der **Kantstraße**, dann der **Budapester** und der **Stüler Straße**. Rechts in die **Klingelhöferstraße**, links in die **Von-der-Heydt-Straße**, folge dieser. Sie ändert auf dem fünfstündigen Marsch häufiger ihren Namen, doch irgendwann sollte es rechts in die **Schöneberger Straße** gehen. Dort bist du richtig.

11.2. DIE ENTSTEHUNG BERLINS – DIE GESCHICHTE DER BERLINI BROTHERS

Schöneberger Straße

Es ist ganz sicher kein großes Geheimnis, dass es einmal eine Zeit gab, in der es nur sehr wenig gab, und dass das Wenige, das es gab, gut verborgen in Höhlen oder unter der Erde lag. Ich rede nicht von Adam und Eva, sondern von einer Zeit, in der Städte, so wie wir sie heute kennen, noch gar nicht existierten. Noch nicht einmal ansatzweise. Allenfalls gab es große Löcher, gefüllt mit Moos, in denen man mit mehreren Menschen lag, sich paarte, bevor man dann weiterzog zum nächsten Loch.

Städte, wie wir sie heute kennen, wurden erst tausend Jahre danach erfunden. Von der ersten Stadt berichtete man um 2000 vor Christus. Die Stadt hieß Monika und befand sich in etwa dort, wo heute Bad Nenndorf liegt.

Vermutlich ist die Erfindung der Stadt dem Wunsch des Menschen nach Nähe, Enge und Geborgenheit geschuldet. Der Begriff *Gemütlichkeit* entstand in jener Zeit und leitet sich von dem Wort gemuetalua ab, das eine Art Tier bezeichnete, halb Faultier, halb Bär, halb Vogel, das mittlerweile jedoch ausgestorben ist. Dieses Tier trat nur in Rudeln auf und bildete Ketten, in denen es sich an den Tatzen festhielt und summend schunkelte.

Die Entstehung Berlins geht dabei auf die Artistengruppe The Flying Berlinis zurück, eine Art loser Verband von Brüdern, Cousinen und Schwippschwagern, die gaukelnd und flickflackend durch das Gebiet reisten, wo wir heute Schleswig-Holstein, Mecklenburg-Vorpommern, Brandenburg und eben Berlin finden.

The Flying Berlinis waren die erste bekannte Artistengruppe und vermutlich der Vorläufer des Zirkus. Erste Clowns gab es, ein Pferd, das sich auf Zuruf hinlegen und wälzen konnte, sowie unzählige, kleine Vögel, von denen man jeden Abend erneut einen wegzauberte. Es waren die Anfänge der Gaukelei, und so unspektakulär das heute alles auf uns wirken mag, so aufregend war es doch damals, als man weder Fernsehen noch Bier kannte.

Zum Reisen hatten sich die Berlinis große Holzverschläge gebaut, an denen sie Räder befestigten, um diese so hinter sich herziehen zu können. Neben Etagenbetten fanden sich darin Unmengen an geringelten Akrobatenanzügen, Gewichte, Seile, Pompons, Flitterkeulen, kleine, aufblasbare Äffchen, bunte Glitzerpodeste, Bälle, wasserverspritzende Blumen, Zylinder, zu große Schuhe, ein Tiger, zwei weiße Pferde sowie eine Kiste mit einem traurigen, weißen Clown darin – der Vater der Berlinis, der vor Jahren an Tuberkulose verstorben war, den zu begraben die Berlinis jedoch einfach nicht übers Herz brachten. Liebevoll stopfte man die Löcher, die die Zeit in dessen Leib riss.

Da die Stadt damals noch nicht erfunden war, war das Geschäft der Zirkusserie noch beschwerlicher, als es das ohnehin schon ist. Damals kam der Zirkus noch zum Publikum und nicht umgekehrt. Wann immer man einem Menschen unterwegs begegnete, begann man zügig alles aufzubauen und sogleich im großen Stile mit der Gaukelei zu beginnen. Anschließend erwartete man, bezahlt zu werden mit Fellen, Nahrung, Zigaretten oder ein wenig Streicheleinheiten, wie es damals gang und gäbe war. Das war nicht immer leicht, und der Zirkus hatte, gerade zu jener Zeit, keinen guten Ruf, da vielerorts Leute genötigt wurden, diesem Schabernack beizuwohnen – ob sie nun wollten oder nicht. Nur die wenigsten Zirkusleute wurden reich damit.

Doch die Berlinis gehörten dazu. Sie schafften es im Laufe der Zeit, eine recht ansehnliche Habe zusammenzutragen, und als diese groß genug war, ließen sie sich in der *Schönefelder Straße* nieder. Man löste die Räder von den Holzverschlägen, verbrannte sie und blieb für immer.

Diese Verschläge waren die ersten Gebäude Berlins. Um sie entstanden weitere Häuser, um die ebenfalls weitere entstanden, bis Berlin zu diesem prallen Prachtstück wurde, das es auch heute noch ist.

Fast jeder Einwohner Berlins geht irgendwie auf die Berlinis zurück. Am Ende, so vermutet man, müssen es fast zehn-

tausend Cousins, Cousinen, Brüder, Schwestern und Schwippschwager gewesen sein, und nicht immer ließ sich zweifelsfrei sagen, wer eigentlich was war. Zu jener Zeit wurde die Saat für den Baum der Laissez-Fairness ausgestreut, dessen Früchte man in Berlin heute erntet. Und eins muss jedem klar sein: Ohne die Berlinis gäbe es kein Berlin.

Umso trauriger stimmt es mich, dass man nirgends in dieser Stadt einen Hinweis auf die Gründer findet. In ihren Holzverschlägen parkt man Autos, und die Berlinis sind so gut wie vergessen. **Pro Berlini** ist eine Initiative, die sich für das Gedenken an die Berlinis einsetzt. Gemeinsam wollen wir für ein Museum kämpfen. Es soll ein riesiger Prachtbau werden und dort entstehen, wo heute das Brandenburger Tor steht. Kämpfe mit uns! Wir treffen uns jeden Sonntag um 15 Uhr vor dem Brandenburger Tor und skandieren dort laut und vernehmlich: «Berlini, Berlin. Berlini, Berlin. Berlini, Berlin.» Ich bin nicht allein!

 Nun ist es nicht weit. Die **Schöneberger Straße** gehst du bis zum Ende durch. Rechts dann in die **Wilhelmstraße**, bis du Fabrikreste siehst.

11.3. DIE ERSTE BART-
MANUFAKTUR DER WELT

Wilhelmstraße

In der *Wilhelmstraße* in Kreuzberg entstand die erste Bartmanufaktur der Welt. Sie wurde 1854 errichtet, als das Tragen
eines Bartes so en vogue war wie heutzutage Piercings oder
Haar-Extensions. Zu jener Zeit trugen hauptsächlich Frauen
Bärte, galten sie unter Männern doch als weibisch, verzär-
telt oder verweichlicht. Trug man einen Bart, konnte es geschehen, dass Wildfremde stehen blieben, um einem über
den Oberlippenbewuchs, den *Schnurri*, wie man das nannte,
oder den *Musch*, war es ein Vollbart, zu streichen. Erst um '33
wurde das Tragen eines Bartes auch unter Männern chic, und
schließlich, um dem Vorwurf einer Verzärtelung zu entgehen,
verbot man es den Frauen ganz, durch den sogenannten
Berliner Barterlass von 1933, der auch noch heute besteht
und der vorsieht, Frauen mit Bart mit bis zu zwei Jahren
Freiheitsentzug zu bestrafen. Natürlich hat heute niemand
mehr etwas gegen einen schönen Damenbart einzuwenden –
solange er gepflegt ist.[22]

Mitte des 19. Jahrhunderts, das war die Zeit, als es kaum
Farben gab. Die Welt war schwarz und weiß und grau. Die
Farben waren noch nicht erfunden, und die Menschen sahen fast alle gleich aus. Manche trugen Hüte, manche nicht.
Der Wunsch nach Individualität war zwar noch nicht so ausgeprägt wie heute, wo jeder anders sein will als der andere,
trotzdem wollte man sich abheben von der Masse. Zumal es
zu jener Zeit immer wieder zu bösen Verwechslungen kam,
weil Menschen selbst die Personen, die sie liebten, nicht immer zweifelsfrei erkannten. Es kam zu sogenannten Gleich-
ehen, bei denen Menschen fälschlicherweise bei Menschen

---

22 Schätzungsweise 20 Prozent der Frauen tragen einen Bart.
Doch oft genug geschieht es immer noch heimlich. Schlimm.

lebten, die sie für ihren Ehepartner hielten. Oft starben sie sogar, ohne ihren Irrtum je bemerkt zu haben.

Den Bart erfunden hat **Eva Bartvaria**, eine Italienerin, die man eben für die Erfindung des Bartes aus dem Land trieb. «Nio meronimo bartolo italia!», der Songtitel eines berühmten Italo-Popstückes der Sechziger, bedeutet so viel wie «Keine Bärte in Italien». Bärte hätten in Italien nichts verloren, und so kam Bartvaria schließlich nach Deutschland – mit einer Kutsche voller Bärte.

Anfangs tat sie sich auch hier schwer. Heute ist es kaum noch vorstellbar, aber zu jener Zeit war das Tragen von Haaren im Gesicht albern und absurd und käme dem gleich, würden wir uns einen Bart auf die Stirn kleben. Bartvaria zog durch die Städte, um ihre Bärte auf Märkten feilzubieten, doch viele Leute wussten nicht, was das sein sollte. Um sich daraus wärmende Unterwäsche zu nähen, war das Haar viel zu dünn und krisselig. Es kitzelte unangenehm, kam es mit Haut in Berührung. Fünf Jahre ging das so, und Eva Bartvaria hielt sich gerade so über Wasser. Nachts schlief sie in ihrem Karren und deckte sich mit Bärten zu, aß von dem, was andere Marktstände wegschmissen, oder lutschte Läuse.

Kommissar Zufall sorgte schließlich dafür, dass sich der Bart durchsetzte. **Magdalena Bunsenlock** war es, die den Bart für sich entdeckte. Im Grunde hasste sie Märkte, der Geruch nach altem Obst, das Stimmengewirr. Doch sie war Schau-

spielerin und hatte sich, um sich auf die Rolle der Markt-
schreierin Picolina vorzubereiten, dort herumgetrieben, als
sie den Bartstand von Eva Bartvaria entdeckte.

«Was?», fragte sie sogleich zeigend, in ihrer herrischen
Art, als sie die Bärte entdeckte. - «Bärte», entgegnete Bartvaria. «Schöne, schöne Bärte. So ich einen trage.»[23]

Magdalena probierte verschiedene Bärte aus: Mousta-
che, Schnurrbärte, Vollbärte, Koteletten und entschied sich
schließlich für einen Backenbart, der von den Koteletten über
ihre Oberlippe wuchs und so die obere von der unteren Ge-
sichtshälfte trennte.

Es dauerte nicht lange, und viele Frauen wollten Bärte tragen. Denn auch damals schon war es so, dass Schauspieler immer aussehen wollten wie andere, wohingegen andere immer
aussehen wollten wie Schauspieler. Eva Bartvaria kam mit
dem Produzieren neuer Bärte kaum hinterher. Ihre Bärte bestanden aus einer italienischen Pflanze, von der nur Bartvaria
wusste, wo sie wuchs, und die die Grundlage ihres Erfolges
war. Man versuchte, Bärte aus anderen Stoffen herzustellen,
doch keiner wurde so schön wie die Bartvarischen. Kohlbärte
rochen leicht und verfärbten sich mit der Zeit grau, Tierbär-
te verursachten Allergien, und Kiwibärte waren sehr teuer.
Maisbärte waren zwar ein Ersatz für die Unterschicht, doch
wer etwas auf sich hielt, erwarb einen dieser *mucho chicen*
italienischen Bärte.

Schließlich, um der Nachfrage nachzukommen, gründete
Eva Bartvaria die erste Bartmanufaktur der Welt. Sie ließ
Maschinen entwickeln, die Bärte herstellten, sodass sie mit
diesen fast hundert Bärte pro Tag produzieren konnte – eine
Zeitlang reichte auch das nicht. Die ganze Welt trug Bart. Es
gab Wartelisten. Überall wollte man mit einem Mal Bärte
tragen: Amerika, Polen, Uganda.

23 Dieser Dialog ist überliefert. Wir finden ihn im Theater-
stück *Die heiligen Bärte der Hinterhöfe* oder aber auch im
Musical *Barts*.

Eva Bartvaria wurde zur reichsten Frau der Welt. «Der Bart ist meine Kapital», so ein berühmter Ausspruch von ihr. Bartvaria blieb kinderlos, und mit ihrem Tod verschwand auch der Bartvarische Bart. Mit der Zeit fand ein Paradigmenwechsel statt, und die Menschen begannen sämtliche Haare, die nicht auf dem Kopf wuchsen, zu hassen und zu bekämpfen. Wer heute Haare am Körper hat, gilt als unhygienisch und dumm.

Auch ich glaube nicht an eine sogenannte **Bartrenaissance**, die in letzter Zeit gerne von der Boulevardpresse heraufbeschworen wird. Was im Grunde schade ist, denn ein schöner Bart macht aus einem Menschen oft einen Beau.

 Nun gehst du, bitte, ein Stück zurück. Bitte! Bieg rechts in die **Kochstraße** ein. Dann biegst du links in die Prachtstraße **Unter den Linden**, bis du an den Ort kommst, an dem früher der **Palast der Republik** gestanden hat.

11.4. DER KAMPF GEGEN DIE HIRSCHE

Unter den Linden, Palast der Republik

Die ersten Hirsche aus Neuseeland kamen Anfang der Neunziger nach Berlin, kurz nach dem Fall der Mauer. Zuvor war es die Mauer, die selbst für einen Hirschen ein unüberwindbares Hindernis darstellte, und oft blieben diese einfach unentschlossen davor stehen. Eine Zeitlang bevölkerten Hirsche sogar die DDR, bis Honecker sie verbieten ließ. «Denn so ein Hirsch, der sieht ja schon nach Kapitalismus aus – das Schnauben, das Geweih und der ganze andere Hirschscheiß», so Honecker.

Die Hirsche blieben also vorerst in Neuseeland, wo man sich ebenso über sie wunderte wie später bei uns. In Neuseeland kannte man zwar vielerlei komische Tiere, doch so ein

Hirsch, das war auch für einen Neuseeländer seltsam – und selbst den Maori waren Hirsche unbekannt.

Viele glaubten, Hirsch, das wäre die Auferstehung einer naturvölkischen Zeichnung, die jemand hastig im Naturbierrausch irgendwohin gekritzelt hatte, woraufhin die Götter sie hatten entstehen lassen.

Trotz allem – es wurden immer mehr Hirsche. Obwohl man gar nicht recht wusste, wie sie sich überhaupt vermehrten. Das Hirschemalen hatte man verboten, das konnte also nicht der Grund sein. Man glaubte, es könne durch das Ineinanderverhaken der Geweihe geschehen. Eine Art geschlechtliches Ritual, das von einem sehr lauten Knacken begleitet wurde, sodass das Paaren des Hirsches in ganz Neuseeland zu hören war und den Neuseeländer oft peinlich berührte, saß er asexuell mit Freunden in irgendwelchen Pubs. Vermutlich ist das der Grund, weshalb der Neuseeländer begann, selbst sehr laut zu werden und zu diesem Zwecke das *Rugby* erfand. Nur so konnte er dieses widerliche sexuelle Hirschgehabe aus seinem Alltag verbannen.

Warum der Hirsch sich ausgerechnet Neuseeland ausgesucht hat, so weit weg von allem, das wusste niemand. Und noch viel weniger, wie es kam, dass sie sich zu Tausenden ins Meer stürzten und unbeholfen und ausdauernd zu schwimmen begannen. Sich aufmachten bis nach Berlin, das zwar nicht am Meer lag, aber durch einige Flüsse damit verbunden war. Keine Ahnung, woher der Hirsch den Weg wusste. DNA? Weshalb verpuppen sich Raupen und werden zu Schmetterlingen? Klingt doch auch ausgedacht, oder? Na siehst du! So ist halt die Natur. Weiter jetzt.

Die Hirsche waren in Neuseeland noch sehr klein, doch durch die Anstrengung des Schwimmens wuchsen ihre Muskeln, und sie kamen groß und stark in der Hauptstadt an. Dort wusste man bald nicht mehr, wo man mit den ganzen Hirschen hin sollte, so viel Wald hatte man ja gar nicht, schon gar nicht in Berlin – und in der DDR sowieso nicht. Da war der Wald verboten, galten doch gerade Bäume als aus-

gemacht kapitalistisch. «Diese ganze westliche Baumschei-
ße», so Honecker.

Und so machte man es schließlich, wie mit allen Tieren.

Anfangs war es etwas gewöhnungsbedürftig. Man erinnere
sich nur an die Einführung der Pferdewurst um 1942. Doch
mit der Zeit kauften immer mehr Menschen Hirschfleisch, da
es zum einen billig war, zum anderen gesund nach Fleisch-
tomate schmeckte.

Da der Hirsch freiwillig und im Überfluss zu uns kam und
man nichts weiter tun musste, als an den Ufern der Spree
zu stehen und zu warten, bis der Hirsch angepaddelt kam,
war das Fleisch natürlich enorm günstig, sodass man sogar
begann, Rinder-, Schweine- und Hühnerfleisch aus Hirsch
herzustellen – was zur Folge hatte, dass Rinder, Schweine
und Hühner immer mehr vernachlässigt wurden. Die Züch-
ter machten sich auf an die Ufer, wo sie die Hirsche abfin-
gen, während die Schweine und Rinder herrenlos durch
die Stadt irrten, versuchten Nahrung zu erbetteln oder an
Drogen gerieten. Ihre Leiber für ein wenig Geld am *Bahnhof
Zoo* feilboten oder irgendwie versuchten, mit Booten nach
Lampedusa zu gelangen. Noch heute streunen herrenlose
Hühner durch Berlin. Wir finden Kälber, die unter Brücken
leben. Schweine mit blutunterlaufenen Augen, die für ein
bisschen Geld ihre nackte Liebe verkaufen.

«Es ist der Hirsch, der schuld ist. Aber in Wahrheit sind
wir es, die wir Hirsche kaufen», wie der Konsumkritiker **Max
Hagesack** ganz richtig schreibt.

Der Hirsch, das ist der Adolf Hitler unter den Tieren: kur-
zes, braunes Fell und ein übertrieben großes Geweih – das
sind typisch faschistische Merkmale. Und vielleicht hatte
Honecker da doch nicht so ganz unrecht, ist man fast bereit
zu glauben. Vielleicht nicht mit allem, aber zumindest was die
Sache mit der Hirschscheiße anbelangt.

Nicht erst seit heute werden Proteste laut. In der ganzen
Stadt finden sich solche Parolen, wie hier an der Mauer unterhalb *Unter den Linden*, nahe des Ufers des *Kupfergrabens*.

Dort kann man auch immer wieder Protestler beobachten, die sich als eine Art Mahnmal auf die Wiese davor legen. Pantomimisch stellen sie erlegte Hirsche dar, die die Vorbeieilenden zum Nachdenken anregen sollen. Und übrigens, so ähnlich wie mit dem Hirschen verhält es sich auch mit dem Wels aus Vietnam.

 Und nun tut es mir leid. Ich habe vergessen, dass wir noch Stationen in Kreuzberg haben, die sich tatsächlich lohnen. 'tschuldigung. Nimm doch – bitte! – die U-Bahn und fahr bis zur Haltestelle **Hallesches Tor**. Bitte!

11.5. DIE ERFINDUNG DES THEATERS

U-Bahn-Haltestelle Hallesches Tor

Berlin war schon immer eine arme Stadt. Trotz allem steckte der Wunsch nach Amüsement dem Berliner bereits damals in den Knochen wie keinem anderen Volke. Der Drang, *wat zu aläben*, wie der Berliner sagt, war stets stärker als der Berliner selbst. Wann immer irgendwo etwas auch nur ein bisschen nach *Ruppizuppi* aussah, zog's den Berliner magisch an.

Heute lässt sich kaum noch sagen, wer auf die Idee kam, das Leben noch einmal im Kleinen nachzuspielen, um es so betrachtenswert zu machen. Vermutlich war es einfach der Grundgedanke, der noch heute jedem Berliner innewohnt: *Mach wat aus dem, watte hast.* Es ist die Geschichte der

Erfindung des Puppentheaters, mit dem auch die Erfolgs-
geschichte des Schauspiels begann, das, wie vieles, hier in
Berlin seinen Ursprung hat.

Das Denkmal an der U-Bahn-Haltestelle *Hallesches Tor*
erinnert noch heute daran. Dargestellt wird Doderich von
Muckenstietz, einst ein berühmter Puppenspieler, der mit
der Puppe des Seiltänzers Hans-Heinrich agiert. In den An-

fangstagen des Marionettentheaters, als es noch keine unsichtbaren Schnüre gab, nahm man einfach lange Stangen, die man in den Leib der Puppe schob. Oft hingen die Figuren einfach schlapp daran herunter, weshalb gerade die ersten Dramen eine gewisse Lethargie und Depressivität auszeichnete. Sämtliche Figuren standen kurz davor zu sterben. Erschwerend kam hinzu, dass man lebensgroße Puppen nahm, die ein Einzelner kaum halten konnte.

In den Anfangstagen des Theaters nahm man sogar Tote, denen man bunte Kostüme überzog. Aber es kamen immer weniger Besucher, nicht zuletzt weil der Geruch auch durch Lavendel und Gänseschmalz kaum zu übertünchen war, sodass man schließlich begann, Säcke so zu verkleiden, dass sie aussahen wie Männer oder schöne Frauen.

Die Menschen waren früher mit wenig zufrieden. Und auch wenn der Sack geschminkt noch immer aussah wie ein Sack, so waren die Leute doch nur allzu gerne bereit, in diesem Sack eine schöne, nackte Frau zu sehen oder aber ein Pferd samt Kutsche. *Wichtige Aussage jetzt*: Zu jener Zeit war der Zuschauer der zwölfte Mann des Theaters. Eben durch sein Zugeständnis, es mit der Wahrheit nicht so genau zu nehmen und an all das zu glauben, was man ihm da weiszumachen versuchte. Dadurch war es früher natürlich möglich, mit einfachsten Mitteln höchst komplizierte Stoffe auf die Bühne zu bringen: Weltraumabenteuer mit über hundert Raumschiffen, Schlachten zwischen Phantasiewesen und Dinosauriern, die Reise in einem Elefanten, die Liebe zwischen der Farbe Braun und Schwarz, der Sturz des Mondes auf die Erde – dem Drama waren keine Grenzen gesetzt.[24]

Erst nach und nach wurde der Wunsch nach Realismus immer größer. Die Leute fingen an zu buhen, wenn wieder ein-

24 So war *Godzilla* eins der ersten Puppentheaterstücke. Eine Art Vorläufer des Brecht'schen Stückes *Die heilige Johanna der Schlachthöfe*, wobei *Godzilla*, wie wir heute wissen, als Systemkritik zu verstehen ist. Als schuppiges, kapitalistisches Monster, das Städte und Menschen zerstört.

mal ein Sack eine schöne Frau sein sollte. Viel lieber wollten sie wirklich eine schöne Frau sehen, und so entstanden nach und nach immer realistischere Schauspiele, bis irgendwann kaum noch zu unterscheiden war, wo das Drama anfing und wo das wahre Leben aufhörte. Und genau mit diesem Umstand sanken auch die Zuschauerzahlen: Was sollte man Geld für etwas ausgeben, was man genauso gut *für umme aussem Fenster* sehen konnte?!

Noch heute klammert sich das Theater an diesen Realismus und jammert über sinkende Zuschauerzahlen. Dabei ist es so einfach. Denn alles, was dem jungen Theater fehlt, sind ein paar alte Säcke.

 Von hier nun die **Waterloostraße** entlang, dann links in die **Zossener Straße**.

11.6. DER BERLINER DARMKRIEG

Zossener Straße

Der Berliner Darmkrieg begann kurz nach dem richtigen Krieg, Anfang der Fünfziger, als Currywurst nicht einfach nur Currywurst war. Currywurst, das war für viele eine Religion, die Hoffnung versprach, und nicht selten nahm die Currywurst einen ähnlichen Stellenwert in diesem Glauben ein wie bei den Christen das Jesuskind. Es gibt sogar Ikonen, auf denen die Geburt der Currywurst dargestellt wird. Eine Rolle Fleischbrät, die aus dem Heiligen Hieronymus gepresst wird, eine Art göttliches Rohr, das gülden aus dem Himmel ragt. Dorthin gingen die Jünger mit großen Behältnissen und fingen das Brät auf, und genau hier entstanden die beiden unterschiedlichen Glaubensrichtungen – denn worauf es bei Curryristen ankam, das war der Darm.

Nach dem Glauben der **Einzig Wahren Curryristen**, wie sie sich nennen, ging der **Heilige Schrotti** damals, eben weil er nichts anderes fand, mit einem langen Darm zu der Stelle, an der das Rohr aus dem Himmel ragte. Den Darm hatte er vorher, gewieft wie er nun einmal war, einem Schafe, das der Sage nach in Berlin am Wegesrand stand und graste, aus dem Leibe geraubt, in der Spree gewaschen und war dann damit Richtung *Zossener Straße* gegangen, an eben jene Stelle, wo sich heute noch ein Imbiss befindet, und an der, der Sage nach, das güldne Rohr aus dem Himmel ragte. Noch immer ist als Zeichen ein Rohr an der Rückseite des Imbisses befestigt, ein stilisiertes S wie Schrotti.

Bei den anderen Curryristen wieder war es die **Heilige Puppa**, die mit nichts als ihrem Körper das Brät aufzufangen versuchte. Mit ihren heiligen, geschickten Händen formte sie einen Trichter, der das Brät sammelte, trichterte und dann in ihren Leib überführte, in dem sie es zum Tempel brachte, wo sie es feierlich wieder zur Erde zurückführte. Eine Art dampfende Auferstehung des Bräts, die noch heute gefeiert wird.

Von daher ist verständlich, dass den *Darmlosen Curryristen* eine Currywurst mit Darm ein Frevel ist. «Als bete man einen Kindergott in Zellophan an», so sagte einst **Pepolonio I** in seiner Ansprache vor dem Currykonzil. Die Darmlosen verachteten alles Darmähnliche: Kondome, Schlangen, Schläuche, und die Heiligen unter ihnen ließen sich sogar ihre Därme in einem Zeremoniell an **Darmnachten** entfernen. Man spannte sie an Stangen quer durch die Stadt, um die Götter friedlich zu stimmen und alles Böse fernzuhalten. Noch heute sieht man diese Därme oft in Berlin hängen, und noch immer pilgern die Gläubigen zu ihnen, berühren sie, wickeln sie sich um den Leib und laufen damit durch die Stadt. Schlingen sie als eine Art Abwandlung des hawaiianischen Begrüßungsrituals Fremden um den Hals.

Die Darmcurryristen können darüber natürlich nur lachen. Wie unästhetisch bitte ist denn wohl ein Mensch ohne Darm?! Das ist wie die Feuerwehr ohne Schlauch – einen Brand löscht man so nicht. Und eine Wurst ohne Darm ist keine Wurst, sondern einfach nur Scheiße.

Noch bis weit in die Achtziger hinein gab es unzählige Kriege. Offiziell herrscht nun Waffenstillstand zwischen den beiden verfeindeten Lagern, aber nach wie vor gibt es Freiheitskämpfer, die sich vor Currywurstbuden, die die falsche Wurst verkaufen, in die Luft sprengen.

 Die **Blücherstraße** geht genau hier von der Zossener Straße ab.

11.7. BERLINS WALK OF FAME

Blücherstraße

Wäre Berlin ein Tier, so wäre es ein Elefant. Denn wie der Elefant vergisst auch Berlin nie. Überall in der Stadt finden sich Denkmäler oder kleine bronzene Tafeln, auf denen Berlin Menschen dankt, die einmal etwas für Berlin getan haben. Jedem Berliner ist es freigestellt, solche Gedenktafeln irgendwo anzubringen, und so finden sich in der ganzen Stadt kleine Hinweise, gesprühte Zeichen, wer wen an diesem Ort kennen und lieben gelernt hat.

So sind in der *Blücherstraße*, der Prachtstraße Berlins, die Porträts all jener Menschen zu sehen, die in der Vergangenheit etwas für die Stadt getan haben. Es ist eine Art Gegenstück zum Walk of Fame in Los Angeles, der dabei, typisch berlinerisch, viel ruppiger und urbaner daherkommt. Diese *Bildastraße*, wie der Berliner seine Blücherstraße gerne nennt, lockt jedes Jahr schätzungsweise eine Milliarde Touristen nach Berlin und bestreitet so fast allein den Unterhalt der Stadt. Einnahmen, mit denen die teuren Unterhaltskosten für solch Prestigeobjekte wie *Bundestag, Brandenburger Tor* oder *Tierpark* bestritten werden. Angefangen hat es als bloße Spielerei mit den Bildern Harald Juhnkes und Tilman Rammstedts, aber im Laufe der Zeit kamen immer mehr Porträts von Menschen hinzu, die wichtig für die Stadt (gewesen) sind. Heute sind es weit über fünfhundert Porträts, und viele Häuser mussten erst einmal Rollläden bekommen, damit man überhaupt Platz fand.[25]

Tagsüber ist hier leider kaum etwas davon zu sehen, und mancher Tourist kehrt enttäuscht wieder heim, wenn er extra aus *Idaho* angereist ist und nicht viel mehr sieht als eine typisch deutsche Straße, die so auch in *Paderborn* oder *Itzehoe* liegen könnte. Erst nachts erstrahlt sie in voller Pracht, wenn sämtliche Rollläden heruntergelassen sind und mit winzigen Strahlern angeleuchtet werden. Oder an Berliner Feiertagen, wenn die Paraden hier durch die Straßen ziehen, während die Bewohner in völliger Dunkelheit leben.

Doch das wäre es ihnen wert, wie Frau Juckenschock (75) sagt, deren Schlafzimmerfenster beispielsweise das Konterfei Bruce Lees ziert, zu dem sie seitdem eine starke Verbundenheit fühle. Wie Bruce Lee spüre auch sie das Feuer in sich brennen und habe den Geist des Drachen in sich.[26]

25 Anfang 2000 musste man die Blücherstraße sogar noch einmal um ein gutes Stück verlängern, die *Bücherstraße* verschwand und wurde auch zur Blücherstraße.

26 Hinter vorgehaltener Hand munkelte man, Bruce Lee hätte ein Filmprojekt in Berlin geplant, *Bruce Lee – Todesgrüße aus Berlin*, das leider nie realisiert worden ist.

Auf dem Fotoausschnitt siehst du neben Bruce Lee noch Porträts von Willy Millowitsch, Pippi Langstrumpf sowie der in Vergessenheit geratenen Marlene Jubischek.

 Und nun ein Taxi nach Berlin-Mitte, bitte.
In die **Oranienburger Straße**.

11.8. DIE GLOCKE BERLINS

Oranienburger Straße

Es gab Zeiten, in denen Glocken noch nicht so inflationär eingesetzt worden sind, wie es heute der Fall ist, wo man in jedem noch so winzigen Kaff mindestens eine Glocke hat, die man jede halbe Stunde, mancherorts gar jede Viertelstunde, verschwenderisch erklingen lässt. Es gab Zeiten, in denen die Glocke nur erklang, wenn etwas geschehen war. Glocken so groß, dass ihr Schall ganze Landstriche übertönte, und wer

sich in der Nähe aufhielt, drohte oft, das Gehör zu verlieren, wenn nicht sogar Verstand und Leben.

Glocken erklangen, war wer gestorben. Oder wurde jemand Berühmtes geboren. Oder wenn es sonst etwas gab, das für viele von Bedeutung sein konnte. Der Glockenschlag, das war die *Tagesschau* von früher. Wenngleich nicht immer Einigkeit darüber herrschte, was für ein Ereignis es nun war, von dem der Glockenschlag kündete. Manch eine jubelte beim Schlag einer Glocke, weil sie der festen Überzeugung war, etwas Gutes wäre geschehen. Ein anderer dagegen konnte seine Sachen packen und fluchtartig das Land verlassen, glaubte er doch, die Glocke warne vor einer drohenden Seuche.

Damals besaß Berlin nur eine einzige Glocke, die jedoch so groß war und so hoch hing, dass man sie selbst noch in Potsdam hörte. Die Glocke fand sich in dem Gebäude, in dem heute das **Kunsthaus Tacheles** ist.

Noch heute kann man den Bogen erkennen, in dem die Glocke damals hing – wenngleich das Ganze damals natürlich ein riesiger Turm war, dessen Ende vom Erdboden aus nicht auszumachen war. Der Glöckner brauchte für den Aufstieg oft einen halben Tag, und manch einer blieb gleich ganz dort oben und ließ sich einfach, war er dem Wahnsinn anheimgefallen, hinunterfallen.

Von diesem Turm entfernte man nach und nach ein ums andere Stockwerk, um es teuer in den Nahen Osten zu verkaufen (siehe hierzu auch Seite 250). Heute existieren nur noch das Erdgeschoss und das Obergeschoss, und kaum wer erinnert sich noch an die Berliner Glocke. Diese Glocke war übrigens auch der Anlass für den legendären **Berliner Glockenkrieg von 1867**.[27]

Es versteht sich von selbst, dass der Beruf des Glöckners zu jener Zeit kaum Perspektive besaß. Er war eher Berufung ohne Ausweg, vielleicht vergleichbar mit der Tätigkeit eines Schläfers heute. Denn wie sollte die Glocke geschlagen werden, ohne dass der Glöckner sich dazu in ihrer Nähe aufhielt?! Wer nicht durch den Schall starb, wurde auf äußerst unangenehme Art und Weise verrückt und hatte den Rest seines Lebens in sogenannten *Glöckneranstalten* zu verbringen, von denen sich viele in Berlin und dem Umland befanden. Beispielsweise diese mittlerweile leerstehende Glöckneranstalt an der *Scharrenstraße* Ecke *Brüderstraße*.

Glöckneranstalten, das waren extrem luxuriöse Heime, wo der Glöckner ein Leben führte, in dem es ihm an nichts mangelte – einmal abgesehen von Verstand. Glöckner waren etwa Mitte dreißig und verbrachten die Jahre zuvor mit Krafttraining. Sie lebten in Ausbildungszentren, sogenannten *Glöcknereien*, wo sie trainierten und mit Hirschfleisch großgezogen wurden.

Die jungen Männer waren groß und muskulös und gerade bei Frauen äußerst beliebt. Ein Glöckner, das war der ideale Liebhaber. Zärtlich, mit Fingerspitzengefühl und trotzdem grobschlächtig anzuschauen. Hinzu kam, dass man ihm nur selten das Eheversprechen geben musste, und wenn doch, dann hielt die Ehe meist nur bis maximal Mitte dreißig, wenn der Glöckner starb oder einfach nicht mehr begriff, dass er verheiratet war.

27 Doch dazu mehr in meinem 2012 erscheinendem Werk *Der Berliner Glockenkrieg von 1867.*

Heute ist die Glocke Berlins verschwunden, und mit ihr ist der Berufszweig des Glöckners so gut wie ausgestorben. Mittlerweile sorgen größtenteils Glocken-Attrappen aus PVC und Computer dafür, dass wir Glocken läuten hören. Als wäre das nicht Schande genug, will man derzeit das Gebäude sogar schließen.

Aber das darf nicht passieren. Bitte warte vor dem Gebäude auf die nächste Demonstration. Werde zu einem Teil des Protestes. Engagiere dich. Ziehe nach Berlin.

 Schräg gegenüber.

11.9. I HATE CHARLES BERND SESSAU

Niemand mag Charles Bernd Sessau. Die ganze Stadt hasst ihn, und wer ihn nicht hasst, hasst ihn nur nicht, weil er ihn nicht kennt. Charles Bernd Sessau = Iiiiieh!

 Von der Oranienburger geht die **Auguststraße** ab. Die ist lang, aber nicht so lang wie die Blücherstraße.

11.10. PETER WALLE – DER SCHLECHTESTE CLOWN DER WELT

Auguststraße

Peter Walle löste vieles in den Menschen aus – aber selten war es Amüsement. Er neigte zur Cholerik, zur Hysterie, zum Gefühlsüberschwang, und es verwunderte viele, dass er überhaupt hatte Clown werden wollen. Denn man konnte sich vielerlei für ihn vorstellen – eine Karriere als Hassprediger, ein Leben im Untergrund, Terrorismus, Gewaltphantasien – doch ganz sicher nie etwas, das mit Spaß zu tun hat. Selten lachte man in seiner Gegenwart, und lachte man über ihn, dann erst, wenn man sich sicher sein konnte, dass er fort war. Denn Peter Walle schien es im Grunde zu hassen, wenn man über ihn lachte, und es waren genau diese Momente, in denen seine Unsicherheit zutage trat, die er dann durch Provokation und Protz zu überspielen versuchte.

Walle besuchte eine Clownsschule in der Nähe Potsdams, und noch heute wird gemunkelt, man hätte ihn dort nur zugelassen, weil er die Zuständigen bedroht und erpresst hätte.

Nur zur Kenntnisnahme: Die Zeit war eine andere. Der Clownsberuf äußerst begehrt. Clowns, das waren die Ärzte der Siebziger. Besser angesehen und bezahlt als Anwälte und Piloten, und erst Anfang 2000 wurden sie von den Schönheitschirurgen abgelöst.

Zwei Jahre dauerte seine Ausbildung, nach deren Ende Walle kaum lustiger war als zuvor. Lediglich eine rote Gumminase trug er nun, aber sie blieb auch das Einzige, das etwas mit einem wirklichen Clown zu tun hatte.

Anfangs trat Peter Walle in den Kneipen Kreuzbergs auf, wo er versuchte, für ein bisschen Geld lustig zu sein. Lachte man nicht, gab *dat wat aufs Maul*, was zur Folge hatte, dass viel und angestrengt gelacht wurde, tauchte Walle auf.

Jeder Clown braucht ein Markenzeichen. Der traurige Clown Pierrot beispielsweise hat ein weißes Gesicht und einen spitzen Hut. Andere wieder tragen zu große Schuhe, was natürlich immer lustig ist. Außerdem haben Clowns oft eine Halbglatze, deren überschüssiges Haar sie wachsen lassen und rot färben. Männer mit Halbglatze sind ja immer noch ein bisschen komischer als Männer mit vollem Haar. Auch Walle trug eine Halbglatze, allerdings das Negativ davon. Er rasierte sich alles andere weg und ließ oben etwas stehen, das er mit Haarspray hochtoupierte. Lustig war das nicht.

Walle überlegte lange, was sein Markenzeichen sein könnte. Erst brach er sich die obere Zahnreihe raus, doch schließlich kam er auf den genialen Schachzug einer Möhre, die er sich um den Hals hängte. Etwas, das an Komik, wie Walle glaubte, kaum zu überbieten sein dürfte und die bis dahin üblichen Spritzblumen aus Plastik natürlich an Witzigkeit noch um einiges übertraf. Eine Möhre war ja immer tausendmal komischer als eine Blume. Da Walle keinen so winzigen Spritzmechanismus in die Möhre bekam, kompensierte er dies, indem er jedem, der seiner Möhre zu nah kam, einfach ins Gesicht spuckte. Dann lachte er laut, in der Hoffnung, Umstehende würde mit einstimmen. «Wie'n ne Halle aus Stille jezimmert, war ditte, keener lacht von den Jedönskrampen, obwohls witzig ist», sagte Walle später über jene Nacht, in der er das erste Mal mit der Möhre unterwegs war. Schließlich nahm Walle die Möhre und schlug sie den Leuten einfach auf den Kopf. Doch auch darüber lachte niemand.

Es war schließlich sein Freund, der bekannte Funpunk-Sänger Petze Buddibu, der ihm riet, er solle was anderes machen. Er hätte sich doch früher so für Krawall interessiert. Ob er nicht mal in diesen Bereich reinschnuppern wollte? Vielleicht ein Praktikum im *Schwarzen Block*? Doch Walle glaubte fest daran, lustig zu sein. Und so ersann er seinen letzten, wie er glaubte, urkomischen Schachzug. Eines Nachts, nach ein paar Stritzis im Starzereck, kam ihm die Idee. Ohne zu zahlen, wie es komisch war, wankte er nach draußen, schrie die Nacht an, sie solle sich verpissen, und durchstreifte dann Kreuzberg. Dabei stieß er auf das *Tattootata*, dessen Inhaber

Atze Stemmes schon ganz anderen nachts Bären aufs Gesäß gestochen hatte, kleine Pinguine unter die Fußsohlen oder Pupillen auf die Lider. Atze sagte später: «Ick hab schon janz and'res stechen müssen. Pimmel, na und, dachte ich. Machste halt Pimmel.»

Heute gibt es verschiedene Deutungsansätze von Walles Biographen über den Umstand, der ihn zu diesen Tätowierungen getrieben hat. Nola Makort, eine französische Clownerieforscherin, glaubt, es wäre eine Hommage an Nunu Pollierm, einem französischen, dickleibigen Clown, der stets nackt auftrat, der einzige Sexclown der Welt war und noch immer ist. Maten Kölbrund denkt, dass es sich dabei eher um eine unausgelebte Homosexualität handelt, nicht zuletzt macht er denselben Umstand auch dafür verantwortlich, dass Walle sich genau diese Berufsbranche ausgesucht hat, ist sie doch, nachdem selbst die Bundeswehr und das Catchen sich den Frauen geöffnet hat, die letzte Männerdomäne der Welt.

Peter Walle ließ sich in jener Nacht zwei stilisierte Penisse auf die Oberarme tätowieren. Auf der einen Seite schrieb er darunter, auf der anderen darüber: *Sex*. Immer wieder zeigte Walle auf seine Oberarme und schüttete sich aus vor Lachen, so Atze. «Der konnts echt nicht globen. Pimmel uffe Arme.»

Die Tage des Heilungsprozesses hielt Walle kaum aus. Laut hörte man ihn immer wieder lachen beim Anblick seiner Oberarme. Er glaubte, den besten Witz der Welt auf seiner Seite zu haben, und umso größer war seine Enttäuschung an jenem Abend des 2. August 1980 in der Kneipe *Bärenbutz*. Es war schon spät Freitagnacht, einen Tag vorm *Bollenschober*. Der Laden war voll. Gekreische, als Walle den Laden betrat: rote Nase, Mohrrübe um den Hals, dazu eine Lederjacke. «Ey, Mucke aus», schrie er in seiner komischen Art durch den Laden.

«Walle halttas Maul», brüllte wer von hinten, und sofort war Walle bei ihm und haute ihm mit voller Wucht völlig unkomisch ins Gesicht.

«Schnauze, jetzt wird jelacht.» Ein fast schon legendärer Schlachtruf, den man heute noch in Berlin hört. Es war augenblicklich still im Laden.

Kreuzberg war zu jener Zeit wegen Walle gefürchtet, und viele gingen lieber woanders etwas trinken oder blieben zu Hause. Walles aggressiver Humor war selbst Berlinern zu viel des Guten.

Walle stellte sich also in die Mitte des Raums, begann völlig falsch zu pfeifen, während er sich seiner Lederjacke entledigte, dann die Augen schloss und seine Oberarme präsentierte. Er lehnte den Kopf zurück, suchte mit den Füßen nach festem Halt auf dem Boden – bereit, der Welle des Gelächters, die gleich über ihm zusammenschlagen würde, standzuhalten.

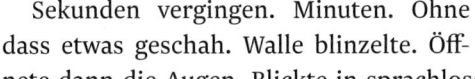

Sekunden vergingen. Minuten. Ohne dass etwas geschah. Walle blinzelte. Öffnete dann die Augen. Blickte in sprachlose Gesichter – und brach zusammen.

Zwei Jahre lag Walle im Koma. Vergaß alles. Seitdem lebt er in einem Kloster in Mecklenburg-Vorpommern, wo er schweigt und meditiert und nur noch manchmal grient, sieht er Mohrrüben oder stellt er sich mit freiem Oberkörper vor seinen Mönchsspiegel, der die Nacktheit nur verschwommen wiedergibt.

Walle ist heute ein anderer Mensch. In seiner Freizeit bastelt er gerne Beutekunst oder erschrickt. Aber er freut sich über jeden Besuch.

In Berlin sind seine Spuren fast getilgt. Doch hier in der Auguststraße, passenderweise, findet sich sein Konterfei auf einer Hauswand. Man vermutet, es wurde von seinem einzigen Fan angebracht, Johann Koller, dem man später eine Verbindung zur *RAF* nachsagte.

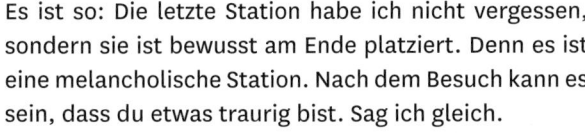

Es ist so: Die letzte Station habe ich nicht vergessen, sondern sie ist bewusst am Ende platziert. Denn es ist eine melancholische Station. Nach dem Besuch kann es sein, dass du etwas traurig bist. Sag ich gleich.
Begib dich in die **Gertraudenstraße**. Zu dem Hochhaus, auf dem Amerika für Brause wirbt.

11.11. AMERIKA FRISST BERLIN

Gertraudenstraße

Man hätte es eine Verzweiflungstat nennen können, wäre es eine einmalige Angelegenheit gewesen. Doch wieder und wieder praktiziert Berlin es, um irgendwie an Geld zu kommen.

Begonnen hatte es mit winzigen Fragmenten, anfangs von der Berliner Mauer, deren Bröckchen man teuer an Touristen verkaufte. Ein Geschäft, das blühte wie kein zweites und der Stadt erst einmal über das Gröbste hinweghalf. Doch natürlich hält so eine Mauer nicht ewig, und manch einer ärgerte sich da schon, dass die Mauer nicht größer gewesen war. Wahllos begann man nun andere Mauern klein zu hauen, die Stücke zu beschmieren, einzuschweißen und zu verkaufen. Ein mühsames Geschäft angesichts eines Schuldenberges von mehreren Milliarden, zu jener Zeit noch, D-Mark. Immer größere Mauerteile begann man zu verkaufen, um auf einen Schlag mehr Geld dafür zu bekommen. Auch dafür fand man Abnehmer, und die Nachfrage nach *orginal berlin walls or buildings* wuchs. *More, more*, schrien die verrückten Amerikaner, und man sah sich in der Stadt um, was man noch zu Geld machen konnte. Ganze Häuser begann man zu zerkleinern und einzuschweißen, um sie nach Amerika verkaufen zu können, wo der Amerikaner sie wieder aufbaute.[28]

Schließlich begann man Gebäude im Ganzen zu verkaufen. Diese ließ man zwar an Ort und Stelle, aber faktisch gehörten sie nun zu Amerika. Ihre Bewohner waren somit auch keine Berliner mehr, sondern Amerikaner.

Auch das Hochhaus in der *Gertraudenstraße* verkaufte man an Amerika, und nun ist es ein eigener Bundesstaat, der durch einen weiteren Stern auf der US-Nationalflagge sym-

---

28 Irgendwo in Idaho soll tatsächlich ein Berlin der Sechziger existieren, wo all diese Gebäude wieder aufgebaut worden sind.

bolisiert wird. Die Bewohner waren nicht nur überrascht, sondern auch erzürnt. Zumal kaum wer Englisch sprach und die Leute nicht so recht verstanden, was die Männer wollten, als sie ihnen amerikanische Pässe aushändigten, die alten einkassierten. Ständig trafen nun fremdsprachige Briefe ein, in denen man sie zu etwas aufforderte, was sie ebenfalls nicht verstanden. Und erst vor kurzem war ein braungebrannter

Präsident gekommen, *to hug everybody*, wie er sagte. Mit Bodyguards ging er von Tür zu Tür und nahm jeden ernst in den Arm.

«Welcome to America», flötete er und händigte jedem eine Kordel aus, die man sich um den Hals zu hängen hatte. «It's an american tradition, hang it around your neck and you will be part of my herde. I'm the sheeper, and every sheep needs a leader.» Er lachte, nahm sein Gegenüber in den Schwitzkasten und rubbelte ihm über den Kopf.

Es gab für jeden ein gerahmtes Foto, auf dem der Präsident abgebildet war, wie er einen kleinen Hund auf dem Arm hielt, der einen ebenso ernst ansah wie der Präsident selbst. Dieser nahm es und hängte es in jeder Wohnung schweigend an die Stelle der Küche, an der zuvor ein Bild vom Alex gehangen hatte. Zeigte darauf, sagte: «That's me. I am the government. And your are the nation.»

Anschließend kochte man zusammen typisch Amerikanisches. Dazu wurde Fett heiß gemacht, und alles, was es zu essen geben sollte, hineingeschmissen. «Voilà», sagte der Präsident und nötigte den Berliner hineinzubeißen. «Yummy, yummy!»

Am Abend sang man die Nationalhymne. Alle standen auf den Balkonen, und der Präsident stand unten auf dem fleckigen Rasen und dirigierte. Hielt sich immer wieder die Hand ans Ohr, wenn ihm der Gesang zu leise war. «Louder, s'il vous plaît.»

Am Tag darauf kamen Männer in Uniformen und erklärten, dass sie nun Waffen besitzen dürften. Müssten, und dass sie dieses Haus zu bewachen hätten. «America that is also violence, you know. Violence», sie schossen zwei Mal in die Luft. «Gangsta and all the stuff, yo, man.» Dieses Haus wäre nun Amerika, und was nicht zu diesem Haus gehöre oder zum richtigen Amerika, wäre potenziell erst einmal als Terrorist anzusehen.

Nachts stand nun immer wer Wache, und wenn jemand kam, hatte man diesen in Englisch anzusprechen. «Hello, you», rief man dann in die Dunkelheit hinein, nur um festzustellen, dass es lediglich einer der neuamerikanischen Nachbarn war, der «Hello, you» zurückrief. Es war oft das Einzige, das die Bewohner in ihrer neuen Muttersprache zu sagen fähig waren. Deutsch war verboten. Denn kein einziger Amerikaner spräche Deutsch, *you know*, hatte es in dem informellen Schreiben geheißen.

Die neuen Amerikaner begannen, sich einsam zu fühlen. Stumm saßen sie in den Kneipen, in denen sie immer gewesen waren, sagten hin und wieder «hello, you». Oder *beer*, das auf der ganzen Welt Bier bedeutet.

«Watt haste denn?», riefen ihnen die alten Trinkkameraden zu.

«Hello, you», entgegneten die Neuamerikaner dann, und meist hatte man was in der Fresse dafür. Denn wenn hier etwas verpönt war, dann snobistisches Gehabe.

Die neuen Amerikaner wurden traurig. Nur wenn der Präsident am 4. Juli die Gertraudenstraße entlangfuhr, kamen sie auf die Balkone und taten aufgesetzt fröhlich. Winkten, wie man es ihnen gezeigt hatte. Schossen in die Luft. Holten die kleinen amerikanischen Fahnen heraus, wedelten damit herum. Sie stammten aus dem *Paket of Amerika*, in dem auch die Jeans, die weißen T-Shirts und die kinderarmgroßen Schokoriegel gewesen waren. Zusammen mit einem Rasierapparat, mit denen man sich die Haare an den Seiten abrasieren sollte, wie es einem eine Anleitung zeigte. *So you become a typical American*, stand dort. Daneben war ein Foto des Präsidenten, der einem Amerikaner über den Kopf strich. In einer Sprechblase daneben stand: «Très chic. Like an eagle.»

Ja, das ist eine traurige Geschichte, aber auch dafür muss Platz in so einem Buch sein. Und wir wollen nun dieses Land der Traurigkeit weiter bereisen. Man kann nicht immer nur fröhlich sein, wenn man glücklich werden will. Denke immer daran.

12. DER TOD

Überall und Bitterfeld (Entschuldigung)

Ein berühmter Schriftsteller hat einmal gesagt, ein Buch, in dem der Tod nicht vorkommt, ist ein schlechtes Buch, das verbrannt und vernichtet gehört. Und so soll auch in diesem Buch, wenigstens kurz, die Rede vom Tod sein. Selbst wenn dieses Thema in einem Städteführer erst einmal deplatziert wirken mag.

Den Tod gibt es fast so lange wie das Leben selbst, und mit den ersten sterbenden Menschen musste sich die Gesellschaft auch mit dem Thema Bestattung auseinandersetzen. Früher ließ man tote Menschen einfach dort liegen, wo sie gestorben waren, und die Zurückgebliebenen nahmen ihre Sachen und zogen weiter. Dorthin, wo sie hofften, der Tod würde sie nicht finden. Wie man heute weiß, war das natürlich abgrundtief dumm. Wie so vieles, was unsere Vorfahren getan haben, dumm und primitiv war, und uns noch heute die Schamesröte ins Gesicht treibt.

Man ging schließlich dazu über, die Toten an Pferde zu binden und sie mit diesen herumreiten zu lassen, bis von ihnen nicht viel mehr übrig war als ihre Seele und ein paar Knochen, aus denen man Kunsthandwerk oder Gebrauchsgegenstände schnitzte. Das mag uns barbarisch vorkommen, und das war es ganz sicher auch. Aber so war nun einmal die Zeit – lange Haare, kurzer Verstand.

Erst mit der Zeit begannen die Praktiken humaner zu werden. Zumal es irgendwann wesentlich mehr Tote als Pferde gab, gerade in Zeiten des Krieges, wenn man mit dem Umherschleifen kaum noch hinterherkam. Mit der Entdeckung der Schlucht kehrte etwas Ruhe ein, wenngleich auch nur für kurze Zeit.

Bestattungen, wie wir sie heute kennen, haben ihren Ursprung um 1950. Es war das Jahr der Erfindung des Spatens durch **Adalbert Spaten**. Nun begann man große Löcher zu graben, in die man die Toten legte und eingrub. Meist zusammen mit Speiseresten, alter Kleidung, getöpfertem Zierat.

Lange Zeit blieb es dabei, bis die Sensationslust des Menschen immer größer wurde und auch vor der Bestattung nicht haltmachte. Der Tod sollte zu einem Happening werden, und es gab die ersten **Funeral Planner**, die es sich zur Aufgabe machten, dem Tod und der Bestattung die Maske der Langeweile vom Gesicht zu reißen. Aus Beerdigungen wurden Events, im Vergleich zu denen der Karneval in Rio wie ein Trauerzug anmutet. Dabei konnte man, und kann es auch noch heute, zwischen verschiedenen Praktiken wählen. Beispielsweise kann man den Toten in buntes Geschenkpapier einpacken lassen, oder man verbrennt die Toten, tut ihre Asche in bunte Vasen, die man dann wie eine lateinamerikanische Piñata aufhängt, damit die Hinterbliebenen tanzend mit Stöcken darauf einschlagen, bis das Gefäß zerbricht und die Seele des Hinterbliebenen aufsteigen kann. Es bleibt nichts als Asche.

Das alles ist natürlich nicht ganz billig. Doch in Zeiten der Rezession gibt es auch hier preisgünstigere Varianten. Beispielsweise eine Bestattungspeitsche, mit der auf die sterblichen Reste eingeschlagen wird, bis nichts mehr, aber auch gar nichts mehr bleibt außer der Seele. Revolutionär wirkt dagegen die Idee der Trockenbestattung. In großen Hallen lässt man die Toten trocknen, um dann aus ihren getrockneten Häuten kunstvoll Blumengestecke zu formen, die sich die Hinterbliebenen ins Wohnzimmer stellen können. Diese lässt man gerne von ausländischen Kindern in bunten Farben bemalen.

Seit neuestem bringt man die Toten nach Bitterfeld. Hier befindet sich der erste **Totkorb** der Welt, der die Möglichkeit einer anonymen Bestattung bietet. Er liegt seltsamerweise direkt in der Fußgängerzone, und nicht selten erschrecken

Spaziergänger, wenn sie unvermittelt Teil einer Bestattung werden, die oft barbarische Züge trägt, ist doch der Einstieg bewusst schmal und klein gewählt, damit es nicht so einfach ist, sich hineinzustürzen und zu sterben. Man sagt, dieser Schacht wäre eine direkte Verbindung zu Gott, und nicht selten hocken Leute davor und rufen Wünsche hinein oder fluchen und stecken mit den Armen darin, um Gott einmal guten Tag zu sagen.

Dies ist unsere letzte Station, und wenn du willst, kannst du nun nach Bitterfeld fahren und es dir einmal ansehen. Bitterfeld bietet viele schöne Möglichkeiten, und nicht selten wird es das *Paris des Ostens* genannt, weil, wenn man es nicht besser wüsste, es tatsächlich in Bitterfeld so aussieht, wie man sich dort Frankreich vorstellt. Überzeuge dich selbst.

NACHWORT

Es ist schade, dass dieses Buch jetzt schon zu Ende ist. Habe ich aber gleich gesagt, mindestens tausend Seiten solle das Ding haben, sodass es so dick ist, dass es fast schon rund ist, und kaum ist man an dessen Ende angelangt, beginnt auf der nächsten Seite sofort wieder der Anfang.

Nun klappst du gleich das Buch zu. Legst es beiseite oder stellst es ins Regal zu den anderen Büchern. Dann liegst du auf deinem Bett und denkst nach über die vergangene Woche. Du wirst spüren, dass etwas mit dir geschehen ist. Wärst du eine Nuss, würdest du fühlen können, dass dein harter Panzer Risse bekommen hat. Risse, aus denen es nun nach Nuss riecht. Denn du, Nuss, bist dabei, dich zu öffnen. Dich Deutschland gegenüber zu öffnen, aber auch dir selbst und anderen Menschen. Aus den Rissen dringt dein Inneres.

Wir beide haben etwas geschaffen. Auch ich habe mich verändert in dieser Zeit, in der du mit dem Buch gearbeitet hast. Auch ich bin ein anderer, und würden wir uns begegnen, du würdest sehen, dass etwas mit meinen Augen geschehen ist. Es ist, als würde man in Teiche blicken, in denen Fische silbern schwimmen. Und nun wirkt es, als wären noch mehr Fische darin, dickere, glücklichere Fische, die so teuer sind, dass man sie nicht essen mag.

Ach, Hase, ich weiß im Grunde immer noch so wenig über dich. Und du so viel über mich. Du kennst ja sogar meine Eltern, und ich kenne noch nicht einmal deinen Namen. Ich kann nur ahnen, dass ein E darin vorkommen wird. E wie Emotion oder Ei.

Besuche mich.

Hier, in Hamburg, wo all das entstanden ist. Die Idee zu diesem mysteriösen, anspruchsvollen Buch. Das Gan-

ze resultiert ja aus den Stadtführungen, die ich hier einmal im Monat veranstalte. Ganz richtig, wir melken die Kuh, solange sie noch muht, oder wie sagt man. Es wird T-Shirts geben. Fernsehshows. Sogar ein Spielfilm ist in Planung: Ich werde darin wohl aller Voraussicht nach von **Armin Müller-Stahl** gespielt werden, die Stadt Hamburg von Pinneberg.

Aber guck dir erst mal die Veranstaltungen an. Unter dem Namen **Die Wahrheit über ...** ziehe ich regelmäßig mit verschiedenen Kollegen durch die Stadt und erzähle allerlei Geschichten über Stadtteile, die zwar nicht der Wahrheit entsprechen, aber es durchaus könnten. Die Termine findest du hier: www.literaturveranstaltungen.com. Wir sehen uns.

Bis denn
Sven

BILDNACHWEIS

Illustrationen/Fotos auf
Seite 48, 143, 224 und 237: Thorsten Passfeld
Seite 35: Jürgen Noltensmeier
Seite 164: BArch, B 145 Bild-F026549-0005/
Detlef Gräfingholt
Seite 165: Deutsche Fotothek
Seite 169: Sylvia Witt
Seite 172 und 187: Hartwig Hogrefe
Seite 174: Stefan Malzkorn
Seite 195 und 196: Lars Dahms
Seite 198: Altonaer Museum
Seite 260: David Graumann
Alle anderen Fotos: Sven Amtsberg

INHALT

Der Sitting Küchenbull auf Reisen

rororo 62714

Wenn Sternekoch Vincent Klink unterwegs ist, denkt er vor allem an eines – das Essen. Und was er auf der Suche nach Gaumenfreuden in aller Welt erlebt hat, davon erzählt er hinreißend: Ob er Venedig mit Kanu und Zelt erkundet, in Grönland furchtlos von merkwürdigen Fischspezialitäten kostet oder man im Jemen rasch eine Ziege schlachtet, um ihm ein Frühstück servieren zu können – immer wieder trifft er auf ungewöhnliche Menschen und erlebt skurrile Begebenheiten. Ein Buch für Reiselustige und Genießer!

Mit Fotos und Zeichnungen aus dem Reisetagebuch des Autors.

«Der Mann schreibt so saftig und elegant, wie er seine Sterne-Küche zubereitet.» Spiegel online

Weitere Informationen in der Rowohlt Revue *oder unter* www.rororo.de

S 109/1

Der Spaß geht weiter

rororo 62809

Der neue Bestseller!

Nach ihrem Bestseller «Du hast mich auf dem Balkon vergessen» versammeln Anna Koch und Axel Lilienblum erneut die skurrilsten, peinlichsten und bewegendsten SMS, die wohl manches Mal besser nie verschickt worden wären.

3:10
Hi Spatz, wann kommst du nach Hause?
3:21
Gleich, zieh dich schon mal aus und leg dich
ins Bett! ;-)
3:22
Ich glaube nicht, dass du das wirklich willst. LG Mama

Weitere Informationen in der Rowohlt Revue *oder unter* www.rororo.de